大连交通大学学术著作出版基金资助出版

高速客运复杂网络博弈演化及抗毁性研究

张　旭　著

中　国　铁　道　出　版　社

2017 年 · 北京

内 容 简 介

本书从复杂网络的基本概念及基础理论出发，以我国的高速铁路网络和民航网络为基础，构建高速客运网络。在此基础上，以高速客运网络的博弈演化以及抗毁性两方面作为重点研究内容，以基础理论、高速客运网络建立、高速客运网络博弈演化、高速客运网络节点重要性分析、高速客运网络静态及动态抗毁性分析之间的逻辑关系为章节划分的依据以及各章节阐述的核心内容。结合具体的研究方法，配套相应的 PAJEK 软件、R 软件等仿真程序及附录注释说明，详细讲解高速客运网络的博弈演化进程以及网络抗毁特性。

本书主要适合复杂网络研究领域的学者及研究生阅读和研究。

图书在版编目(CIP)数据

高速客运复杂网络博弈演化及抗毁性研究 / 张旭著 .
—北京 ：中国铁道出版社，2017.9
ISBN 978-7-113-23837-7

Ⅰ.①高… Ⅱ.①张… Ⅲ.①高速客运－研究 Ⅳ.①U

中国版本图书馆 CIP 数据核字(2017)第 236954 号

书　　名: 高速客运复杂网络博弈演化及抗毁性研究
作　　者: 张　旭　著

策　　划: 金　锋
责任编辑: 金　锋　　**编辑部电话:** 010-51873125　　**电子信箱:** jinfeng88428@163.com
封面设计: 王镜夷
责任校对: 王　杰
责任印制: 郭向伟

出版发行: 中国铁道出版社（100054，北京市西城区右安门西街 8 号）
网　　址: http://www.tdpress.com
印　　刷: 虎彩印艺股份有限公司
版　　次: 2017 年 9 月第 1 版　2017 年 9 月第 1 次印刷
开　　本: 787 mm×1 092 mm　1/16　**印张:** 9.75　**插页:** 4　**字数:** 240 千
书　　号: ISBN 978-7-113-23837-7
定　　价: 50.00 元

PREFACE 前言

随着我国高速铁路及民航在“十三五”时期建设的快速推进，由高速铁路及民航客运共同构成的高速客运网络日渐形成。本书以高速客运网络为研究对象，将复杂网络分析方法应用于高速客运的分析中，以现有高速铁路和民航的运营线路为基础，构建高速客运复杂网络，并进行复杂网络验证。在此基础之上，借鉴演化博弈的思路，对高速客运网络的演化进程进行分析。随后，依据复杂网络节点重要性评价的相关指标，选取基于样本队列的重要度评价算法，采用多属性模型融合等级度、效率等评价指标，对高速客运复杂网络的节点重要度进行排序并划分等级；最后选取网络静态及动态抗毁性测度指标，采用不同攻击方式对高速客运网络的静态抗毁性进行仿真，同时建立不同场景下的级联失效模型，对网络的动态抗毁性进行仿真，基于仿真结果提出静态及动态抗毁性优化策略。本书研究内容可为复杂网络理论在高速客运领域的应用提供支持，为高速客运的健康发展提供支撑。

本书写作的主要意义为：

(1)丰富交通领域复杂网络理论研究

高速客运网络抗毁性优化研究是复杂网络理论在交通领域的研究范畴，通过本研究既可以丰富交通复杂网络的研究内容，也延伸了交通网络规划的思路与方法。本研究将传统交通网络分析方法与复杂网络分析方法相结合，符合现代交通网络结构复杂的特点，可以从理论层面全面系统的分析高速客运网络结构及系统复杂性，对提高高速客运网络承载能力，充分利用现有高速客运资源，减少我国高速客运设计规划、管理和控制的盲目性，发展先进交通的管理与控制技术而言都具有重要的理论意义。

(2)完善高速客运网络结构，提高网络运行稳定性

交通网络的抗毁性决定其交通运输的功效性、可靠性和通达性，极端天气和突发状况的发生对高速客运系统运行的稳定性提出了新的挑战。本研究通过对高速客运复杂网络抗毁性的分析，可以有效识别高速客运复杂网络结构存在的薄弱环节，推演关键节点及线路在遭受攻击后高速客运网络结构变化，从而有针对性地通过对关键节点、关键线路的改进，提高整个高速客运复杂网络的稳定性，发挥网络效率和整体优势，建设便捷、通畅、高效、安全的高速客运体系。

(3)合理规划高速客运网络布局,降低投资风险

随着国民收入水平的提高,大部分旅客会选择高速客运作为出行方式。若要高速客运适应国民经济的发展需要,不仅要使高速铁路与民航客运在建设规模、网络结构、运行速度上适应经济发展需要,而且要在空间地域的分布与经济发展相适应。对于两种交通方式所构成网络的相关网络特性进行研究可以使高速客运网络布局与社会经济发展需求、运输业的内在发展规律相适应。通过高速客运复杂网络结构优化,可以提升两种方式转化的效率,合理分配运输量,避免重复建设所带来的种种弊端,减少资源的浪费以及对自然环境的破坏,同时也减少了二者的投资成本,降低了竞争程度,提高了收益,从而降低投资风险。

本书写作的创新点主要为以下三点:

(1)以演化博弈理论为基础,仿真分析高速客运网络演化进程。将高铁和民航网络作为初始对象,借鉴演化博弈的思路,选取共享自然选择双网络演化博弈模型和共享公平选择双网络演化博弈模型,采用不同的时间步,通过收益系数的计算,仿真分析各时间步高速客运网络博弈演化过程。

(2)采用多属性决策的方法,对高速客运网络节点重要度进行评价。根据高速客运网络的特性,选取网络约束系数、等级度、网络规模、效率、局部聚类系数等指标,运用多属性决策的计算方法,对高速客运网络节点进行重要性排序,并将本书设计的算法与已有的方法进行比较,证明本书设计算法的优越性。

(3)静态与动态相结合的仿真分析高速客运复杂网络抗毁性,并提出优化策略。选静态及动态抗毁性评价指标,在随机攻击及蓄意攻击两种攻击模式下对高速客运复杂网络的静态抗毁性进行分析。同时,建立不同场景下的级联失效模型,仿真分析不同参数条件下的高速客运复杂网络动态抗毁性。针对静态和动态高速客运复杂网络抗毁性仿真过程,提出高速客运复杂网络抗毁性优化策略。

完成此书,首先要感谢我的导师李振福教授,没有他的引领,我无法走进浩瀚的学术海洋,也无法形成自成体系的研究思想和成果。其次,我要感谢我的学生王晓雨、刘雅洁、毋超、董杰等的努力付出。最后感谢国家社科重大项目(13&ZD170)、辽宁省博士科研启动基金(201501182)、辽宁省教育厅项目(JDL2016020)和大连交通大学学术著作出版基金的资金资助。

由于本人水平有限,书中某些内容可能有不妥和谬误之处,恳请读者批评指正。

张旭

2017 年 8 月

CONTENTS 目录

1 复杂网络理论概述

1.1 网络的定义

人们把周围的许多系统(天然的或者人造的,例如交通网、电力网、人际关系网等等)看作网络由来已久,运用数学的一个分支——"图论"对这些系统进行研究也已经有百年以上的历史。网络是由节点和连线构成,表示诸多对象及其相互联系。在数学上,网络是一种图,一般认为专指加权图。网络除了数学定义外,还有具体的物理含义,即网络是从某种相同类型的实际问题中抽象出来的模型。从图论角度看,网络是指由一个点(节点或称顶点、结点)集和一个边集组成的一个图,且网络中的每条边都在点集中有一对点与之对应(网络中的点往往用来代表实际系统中的个体,多用于表示实际系统中个体之间的关系或相互作用)。从统计物理学的角度来看,网络是一个包含了大量个体以及个体之间相互作用的系统,是把某种现象或某类关系抽象为个体(节点)以及个体之间相互作用(边)而形成的用来描述这一现象或关系的图。

如果节点对所对应的边为同一条边,那么该网络为无向网络(undirected networks)[如图 1.1(a)所示],否则为有向网络(directed networks)[如图 1.1(b)所示]。如果给每条边都赋予相应的权值,那么该网络就为加权网络(weighted networks)[如图 1.1(c)所示],否则为无权网络(unweighted networks)。

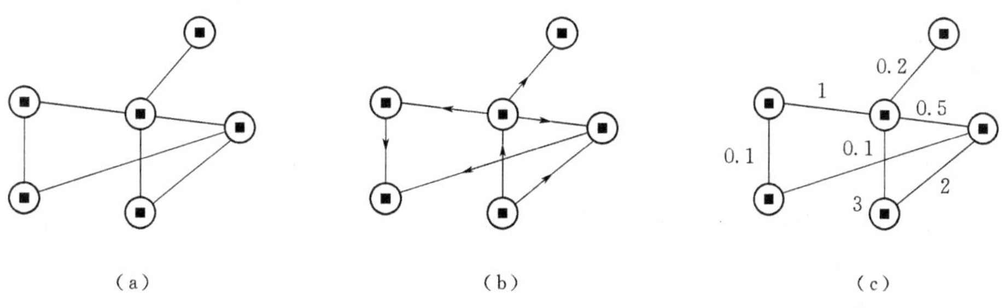

图 1.1 网络类型

如果节点按照确定的规则连边,所得到的网络就称为"规则网络"(regular networks),如果节点按照完全随机的方式连边,所得到的网络就称为"随机网络"(random networks)。如果节点按照某种(自)组织原则的方式连边,演化成各种不同的网络,则称为"复杂网络"(complex networks)。

1.2 网络主要统计量的含义

1.2.1 度与度分布

度定义为节点的邻边数，可记为 k，度 k 的分布函数 $P(k)$ 用来描述具有相同度的节点的出现概率。高速客运网络中，节点的度反映了该节点在网络中的重要程度。

1.2.2 平均路径长度

网络中任意两点间的距离指连接两点的最短路所包含的边的数目。把所有节点对的距离求平均，就得到了网络的平均路径长度 L。在 N 个节点的网络中，若任意两个节点间的最短路径长度为 L_{ij}，则整个网络的平均路径长度为 $L=\sum L_{ij}/(N(N-1)/2)$。高速客运网络中，平均路径长度反映任意节点之间大致换乘的次数，平均路径长度越短表明使用到达目的地需要换乘的次数越少。

1.2.3 聚集度系数(簇系数)

聚集度系数是专门用来衡量无向网络节点聚类情况的参数。抽象地说，聚集度系数是描述与第三个节点连接的一对节点被连接的概率，即一个节点的所有相邻节点之间的实际连接数目占可能的最大连接边数目的比例。设 k_i 表示结点 i 的度数，E_i 表示与结点 i 相邻的 k_i 个点相互之间的实际连线数，其聚集度系数为

$$C_i=\frac{\sum E_i}{\frac{k_i(k_i-1)}{2}}$$

网络的聚集度系数为 C_i 值的平均值。聚集度系数可以用来描述节点的邻点之间也互为邻点的比例，也就是小集团结构的完美程度。

1.3 基本网络模型

1.3.1 规则网络

如图 1.2 所示，常见的规则网络有三种：全局耦合网络(globally coupled network)、最近邻耦合网络(nearest-neighbor coupled network)和星形网络(star coupled network)。

全局耦合网络中有 N 个节点，任意两个节点相互连接，则全局耦合网络共有 $N(N-1)/2$ 条边，其网络特性统计指标平均路径长度为 1(最小)、簇系数(相邻节点之间连的数目占可能的最大连边数目的比例)为 1(最大)。

最近邻耦合网络为一个含有 N 个节点的最近邻耦合网络。网络中的每个节点只和它周围的邻居节点相连，其中每个节点都与它左右各 $K/2$ 个邻居节点相连(K 为偶数)。

星形网络为一个具有 N 个节点的放射状网络。网络有一个中心节点，其余 $N-1$ 个节点都只与这个中心节点相连，且它们彼此之间不连接。

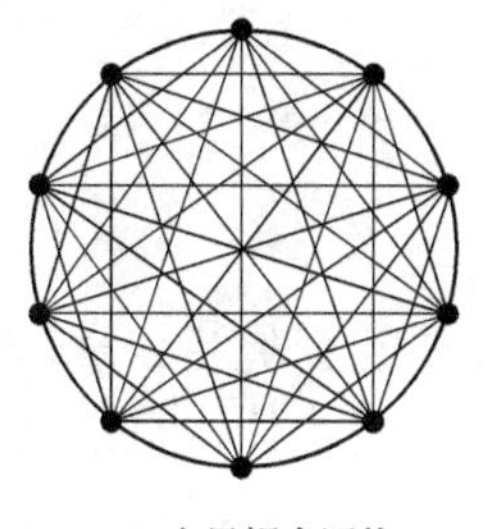

（a）全局耦合网络

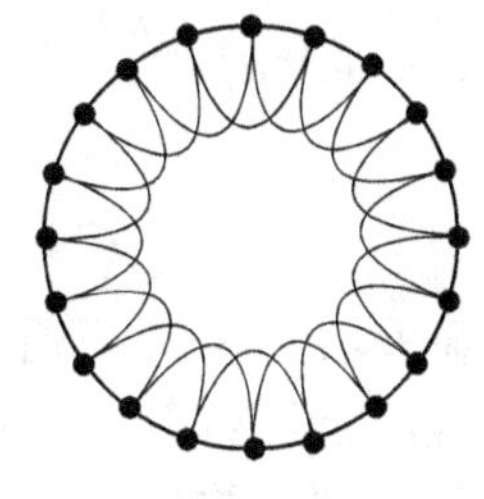

（b）最近邻耦合网络

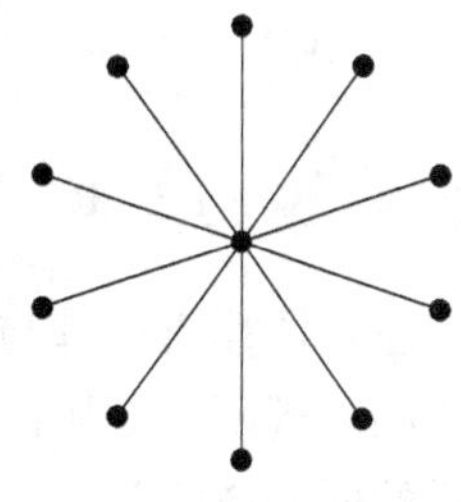

（c）星形网络

图 1.2　三种典型的规则网络

1.3.2　ER 随机网络

该模型由匈牙利数学家 Edös 和 Rényi 在 20 世纪 50 年代最先提出，所以被人们称为 ER 随机网络模型。ER 随机网络的构造有两种方法。第一种方法：定义有标记的 N 个节（网络中的节点总数），并且给出整个网络的边数 n，这些边的选取采用从所有可能的 $N(N-1)/2$ 种情况中随机选取。第二种方法：给定有标记的 N 个节点，以一定的随机概率 p 连接所有可能出现的 $N(N-1)/2$ 种连接，假设最初有 N 个孤立的节点，每对节点以随机概率 p 进行连接。

如果当 $N\to\infty$时产生一个具有性质 Q 的 ER 随机图的概率为 1，那么几乎每一个 ER 随机图都具有性质 Q。以连通性为例，若当连接概率 p 达到某个临界值 $p_c\propto \ln N$ 时，整个网络连通起来，那么以概率 p 生成的每一个网络几乎都是连通的，否则，当 p 小于该临界值时，几乎每一个网络都是非连通的。

对于一个给定连接概率为 p 的随机网络，若网络的节点数 N 充分大，则网络的度分布接近泊松(Poission)分布，如图 1.3 所示。ER 随机网络的平均路径长度 L 为

$$L=\frac{\ln N}{\ln\langle k\rangle}$$

式中，k 为网络度值，平均度$\langle k\rangle=p(N-1)\approx Np$。

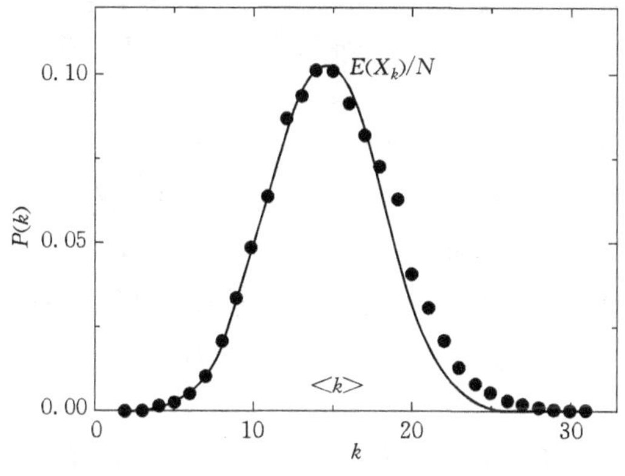

图 1.3　ER 随机网络的度分布图

ER 聚集度系数为

$$C = p = \frac{\langle k \rangle}{N}$$

1.3.3 复杂网络

随着计算机处理与运算能力的显著增强，科学家通过对现实网络进行研究后发现，大量现实网络既不是规则网络，也不属于随机网络，而是与前两者有截然不同统计特征的网络。这样的网络被科学家称为复杂网络。但到目前为止，科学上还没有给出复杂网络精确严格的定义。我们可以这样认为，之所以称其为复杂网络，大致上包含以下几层意思：

首先，它是大量真实复杂系统的拓扑抽象。

其次它至少在感觉上比规则网络和随机网络复杂，因为我们可以很容易地生成规则和随机网络，但就目前而言，还没有一种简单方法能够生成完全符合真实统计特征的网络。因此相对于复杂网络，随机网络又被叫做简单网络。

最后，由于复杂网络是大量复杂系统得以存在的拓扑基础，因此对它的研究被认为有助于理解“复杂系统之所以复杂”这一至关重要的问题。

目前研究得比较多的是“小世界网络”(small-world networks)和“无标度网络”(scale-free networks)这种两种复杂网络。

1.4 复杂网络基本模型

1.4.1 小世界络模型

作为从完全规则网络向完全随机网络的过渡，美国学者 Watts 和 Strogatz 于 1998 年设计了一个具有较小的平均路径长度和较大的聚类系数的小世界网络模型(small-world network)，简称 WS 小世界网络模型。

WS 小世界网络模型的构造算法：

(1)从规则网络开始：考虑一个含有 N 个节点的最近邻耦合网络，它们围成一个环，其中每一个节点都与它左右相邻的各 $K/2$ 个节点相连(K 是偶数)。

(2)随机化重连：以概率 p 随机地重新连接网络中的每一条边，即将连边的一个端点保持不变，而另一个端点取为网络中随机选择的一个节点。其中规定，任意两个不同的节点之间至多只能有一条边，并且每个节点不能有边与自身相连。

为了保证网络具有稀疏性，要求 $N \gg K$，这样构造出来的网络模型具有较高聚类系数。而随机化重连过程大大减小了网络的平均路径长度，使网络模型具有小世界特性。当 p 取值较小时，重连过程对网络的聚类系数影响不大。当 $p=0$ 时，模型退化为规则网络；当 $p=1$ 时，模型退化为随机网络。通过调节 p 的值就可以控制模型从完全规则网络到完全随机网络的过渡。

WS 小世界网络模型的聚类系数和平均路径长度可以看作是重连概率 p 的函数，分别记为 $C(p)$ 和 $L(p)$。在某个 p 值范围内，WS 网络模型可以得到较短的平均路径长度(小世界特性)，以及有较高聚集度系数(高聚集特性)。

由于在 WS 小世界网络模型的随机化重连过程中有可能破坏网络的连通性，为了避免出现因重连而造成的孤立子网，美国学者 Newman 与 Watts 合作于 1999 年提出了用“随机化加边”取代“随机化重连”的小世界网络模型，称 NW 小世界模型。

NW 小世界网络模型的构造算法：

(1)从规则网络开始：考虑一个含有 N 个节点的最近邻耦合网络，它们围成一个环，其中每一个节点都与它左右相邻的各 $K/2$ 个节点相连，K 是偶数。

(2)随机化加边：以概率 p 在随机选取的一对节点之间加上一条边。其中规定，任意两个不同的节点之间至多只能加一条边，并且每个节点不能有边与自身相连。

当 $p=0$ 时，模型退化为规则网络；当 $p=1$ 时，模型退化为随机网络。通过调节 p 的值就可以控制模型从完全规则网络到完全随机网络的过渡。

(1)聚集度系数

WS 小世界网络的聚集度系数为：

$$C(p)=\frac{3(K-2)}{4(K-1)}(1-p)^3$$

NW 小世界网络的聚集度系数为：

$$C(p)=\frac{3(K-2)}{4(K-1)+4Kp(p+2)}$$

(2)平均路径长度

至今为止，还没有人得到关于 WS 小世界网络模型平均路径长度的精确解析表达式，Newman、Moore 和 Watts 分别用重整化群和序列展开方法得到如下近似公式：

$$L(p)=\frac{2N}{K}f(NKp/2)$$

式中 $f(NKp/2)$ 为一普适标度函数，且满足：

$$f(x)=\begin{cases}\text{常数} & x\ll 1\\ \dfrac{\ln x}{x} & x\gg 1\end{cases}$$

目前为止，还没有 $f(x)$ 的精确表达式，Newman 等人基于平均场方法给出了如下的近似表达式：

$$f(x)\approx\frac{1}{2\sqrt{x^2+2x}}\operatorname{arctan} h\sqrt{\frac{x}{x+2}}$$

(3)度分布

对于 WS 小世界网络，当 $k\geqslant K/2$ 时，一个随机选取的节点度值为 K 的概率 $P(k)$ 为：

$$P(k)=\sum_{n=0}^{\min(k-\frac{K}{2},\frac{K}{2})}C_n^{K/2}(1-p)^n p^{\frac{K}{2}-n}\frac{(pK/2)^{k-\frac{K}{2}-n}}{(k-K/2-n)!}e^{-\frac{pK}{2}}$$

当 $k<K/2$ 时，$P(k)=0$。对于 NW 小世界网络，每个节点的度至少为 K，因此当 $k\geqslant K$ 时，一个随机选取的节点的度为 k 的概率为：

$$P(k)=C_{k-K}^{N}\left(\frac{Kp}{N}\right)^{k-K}\left(1-\frac{Kp}{N}\right)^{N-k+K}$$

当 $k<K$ 时，$P(k)=0$。

综上所述，ER 随机网络、WS 小世界网络和 NW 小世界网络的度分布可近似用 Poisson 分布来表示，该分布在度的平均值$\langle k\rangle$处有一峰值，然后按指数快速衰减。这类网络被称为均匀网络（homogeneous network）或指数网络（exponential network）。

1.4.2 无标度网络模型

近年来，大量的实证研究表明，许多大规模真实网络（如 WWW、Internet 以及新陈代谢网络等）的度分布函数都是呈幂律分布的形式：$P(k)\propto k^{-\gamma}$。在这样的网络中，大部分节点的度都很小，但也有一小部分节点具有很大的度，没有一个特征标度。由于这类网络的节点的连接度并没有明显的特征标度，故称为"无标度网络"。为了解释实际网络中幂律分布产生的机理，Barabási 和 Albert 在 1999 年提出了一个无标度网络模型，称为 BA 无标度模型。

该模型的构造主要基于现实网络的两个内在机制：

①增长机制。大多数真实网络是一个开放系统，随着时间的推移，网络规模将不断增大，即网络中的节点数和连边数是不断增加的。

②择优连接。新增加的节更倾向于与那些具有较高连接度的节点相连，也就是富人更富的观点（rich get richer）。

BA 无标度网络模型的构造算法：

①增长。在初始时刻，假定网络中已有 m_0 个节点，在以后的每一个时间步长中，向网络中增加一个节点，该节点与原始网络中的 m 个节点相连（$m\leqslant m_0$）。

②优先连接。在选择新节点的连接点时，一个新节点与一个已经存在的节点 i 相连的概率 P_i 与节点 i 的度 k_i 成正比：

$$P_i=\frac{k_i}{\sum_j k_j}$$

经过 t 步后，这种算法能够产生一个含有 $N=t+m_0$ 个节点、mt 条边的网络。

(1)平均路径长度

BA 无标度网络的平均路径长度为：

$$L=\frac{\ln N}{\ln(\ln N)}$$

这表明 BA 无标度网络也具有小世界性。

(2)聚集度系数

BA 无标度网络的聚集度系数为：

$$C=\frac{m^2\ (m+1)^2}{4(m-1)}\left[\ln\left(\frac{m+1}{m}\right)-\frac{1}{m+1}\right]\frac{(\ln t)^2}{t}$$

与 ER 随机网络类似，当网络规模充分大时，BA 无标度网络不具有明显的聚类特性。

(3)度分布

BA 无标度网络的度分布计算主要有三种方法：平均场理论（mean-field approach）、主方程法（master-equation approach）和速率方程法（rate-equation approach），它们得到的渐近结果相同。其中，主方程法和速率方程法等价。分析计算可得：

$$P(k)=\frac{2m(m+1)}{k(k+1)(k+2)}\propto k^{-\gamma}$$

这表明BA无标度网络的度分布可以由幂指数为3的幂律函数来近似描述。小世界网络、无标度网络与真实网络的特征比较见表1.1。

表1.1 小世界网络、无标度网络与真实网络的性质比较

对比参数	规则网络	随机网络	WS小世界网络	BA无标度网络	大量真实网络
平均距离	大	小	大	小	小
聚集度系数	大	小	大	小	大
度分布	δ函数	泊松分布	指数分布	幂律分布	近似幂律分布

1.5 高速客运复杂网络建立

1.5.1 高速客运网络定义

高速客运网络体系是指在社会化的运输范围内和统一的运输过程中，按照各种高速客运方式的技术经济特点，形成的分工协作、有机结合、合理布局、联结贯通的高速客运综合体。它所包含的民用航空客运、高速铁路客运两种高速客运方式在满足出行者的空间位移需求上具有同一性，但同时又具有各自的特点(例如运行速度、价格、发班频率、安全性与舒适性、便利性等)，且在运营组织管理方式方面也存在着一定的差异，这些特点和差异不仅影响高速出行需求变化及高速客流分担变化，同时还影响高速客运网络的网络结构。

我们将民航空港及其之间运营的航线和高速铁路(高铁、动车、城际铁路)车站及其之间开行的列车形成的网络称为中国高速客运网络，这个网络包含了民航及高铁所具有的特点：

(1)民航网络干线航线密集，支线航线辅助干线航线进行小城市的中转且航线不频繁。民航网络主要集中在一二线城市，触及各省(直辖市、自治区)的县级市及主要的旅游景区。每条航线基本上只在三个或三个以下的城市之间进行运输。

(2)高铁网络覆盖我国中东部大部分地区，按照规划设立沿线的高铁站点。高铁网络各条铁路的建设计划连接中国大部分省会(首府)及其之间的重要城市。中国高铁网络中开行的车次基本上起始和结束于各大型城市，且在很大程度上覆盖沿线的城市，使得中国高速网络不仅可以连接一二线城市，同时衔接既有普速线，进而连接中国各地的市县村镇。同时，中国民航网络和高铁网络都具有东部沿海地区网络线路密集、西部地区线路稀疏的特点。民航和高铁相互结合能扩大网络覆盖区域，提高连通度，提高我国西部地区的交通便捷性。

1.5.2 高速客运网络建立假设

(1)高速客运网是建立在p空间下的复杂网络。我们定义以民航航班或者高铁(动车、城际铁路)的车次为依据，每有一条航线或者一个车次的列车经过两个城市，则视为两个城市之间存在一条边。

(2)高速客运网是一个无向非加权网络。两个城市之间只要有飞机或者火车连接,无论去向,都在两个城市之间连一条没有向量指向的边,即城市 A 可以到城市 B 或城市 B 可以到城市 A,我们就认为城市 AB 之间连通;两个相连城市之间不管相距多远,期间有多少航线或者车次,都认为其权重为 1,即不考虑高速客运复合网络中的高铁发车频次和数量以及航班的频次和数量。

(3)如果一个城市同时有高铁站和机场,或如果一个城市同时有两个及以上数量的机场或高铁站,都认为该城市为一个节点。如果城市 A 到城市 B 既有高铁可以到达,也有航班可以到达,则认为在高速客运网络中,城市 A 和城市 B 间只有一条连线,不重复连线。但在高铁子网络和航空子网络中,则认为城市 A 和城市 B 间分别有一条连线。

2 我国高速客运网络发展分析

2.1 民航子网络的建立及相关数据计算

2.1.1 民航网络发展现状

20 世纪 50 年代以来，民用航空的服务范围不断扩大，成为一个国家的重要经济部门。商业航空的发展主要表现在客货运输量的迅速增长，定期航线密布于世界各大洲。由于快速、安全、舒适和不受地形限制等一系列优点，商业航空在交通运输结构中占有独特的地位，它促进了国内和国际贸易、旅游和各种交往活动的发展，使在短期内开发边远地区成为可能。

新中国成立以来，我国以北京、上海、广州等枢纽机场为中心，以其余省会和重点城市机场为骨干，形成众多干、支线机场相配合的中国民航网络。随着改革开放的不断深化、经济建设方面的投入不断加大、人民生活水平的日益提高，人们对于出行的欲望不断增加。航空网络布局也逐渐打破了 20 世纪 70 年代以前以北京为中心的结构，初步形成了以若干大城市为枢纽的多中心航空网络。我国航空运输持续快速健康协调发展促进了经济社会发展和对外开放，完善了国家综合交通体系，同时对加强国防建设、增进民族团结、缩小地区差距、促进社会文明也具有重要意义。近年来，民航的航线也在按计划的逐渐增加，各个民用机场之间的连接也日益紧密，由民用机场和之间开行的客运航线组成的民航网络得到了不断完善和巩固，从而使人民的出行更加便利、更加快捷，出行方式也更加多样。

2016 年，我国境内民用航空（颁证）机场共有 218 个（不含香港、澳门和台湾地区，下同），定期航班国内通航城市 214 个（不含香港、澳门、台湾），我国航空公司定期航班通航 56 个国家的 145 个城市。新增机场分别为山西临汾机场、湖北十堰机场、福建三明、海南琼海机场、青海果洛机场、内蒙古乌兰察布机场、内蒙古扎兰屯机场、海南三沙机场、云南沧源机场。另外，完成了河北秦皇岛机场、新疆且末机场迁建。陕西安康机场停航，江西九江机场注销。国内航线完成 10.16 亿人次，飞机起降 923.8 万架次，全行业运输飞机 2 950 架。

在“十二五”期间，我国民航行业规划航路航线网络布局，形成了国家枢纽航路网、区域航路航线网和支线航线网有机结合的航路航线网络构架；构建了国内大能力空中运输通道，在北京至广州、北京至上海、北京至大连、北京至昆明、上海至大连、上海至成都、上海至西安、上海至广州、广州至成都等繁忙地区，增加干线航路数量或划设平行航路，建设了大能力国家骨干航路和区域航路航线；扩大了空中交通网覆盖范围，完成了新建机场进离场航线的开辟和加入航路航线网运行工作，在西部非雷达管制区，新辟区域导航航路，增加了区域支线航路和航线数量，将现有区域管制区调整为北京、上海、广州、西安、成都、沈阳、乌鲁木齐、三亚等 8 个高空管制区和 27 个中低空管制区，实现空域相对集中管理。

2.1.2 数据来源

民航子网络的数据来源于“2015 年夏秋航季航班计划表”，此数据包含了全国二十多个航空公司共计 10 093 个航班(港澳台航班除外)，196 个通航城市。

2.1.3 民航子网络的建立

对数据进行整理，将所有航线经过的城市进行一一对应，将结果形成 excel 表格，通过 createpajek 软件将 . xls 文件转化成 pajek 可以读取的 . net 文件。将文件导入 pajek，通过 Net-Transform-Remove-MultipleLines-single 以及 Net-Transform-Remove-Loops 来删减重复的边和环，得到如图 2.1 所示的民航子网络的拓扑图形(见书末插页)。

2.1.4 民航子网络拓扑特性分析

(1)度、度分布、与累积度分布

通过 Net-Partitions-Degree-All 可以得到民航子网络的度，通过对民航子网络的度进行分析，得到了图 2.2 和图 2.3，同时我们可以得到民航子网络的平均度为 19.67。

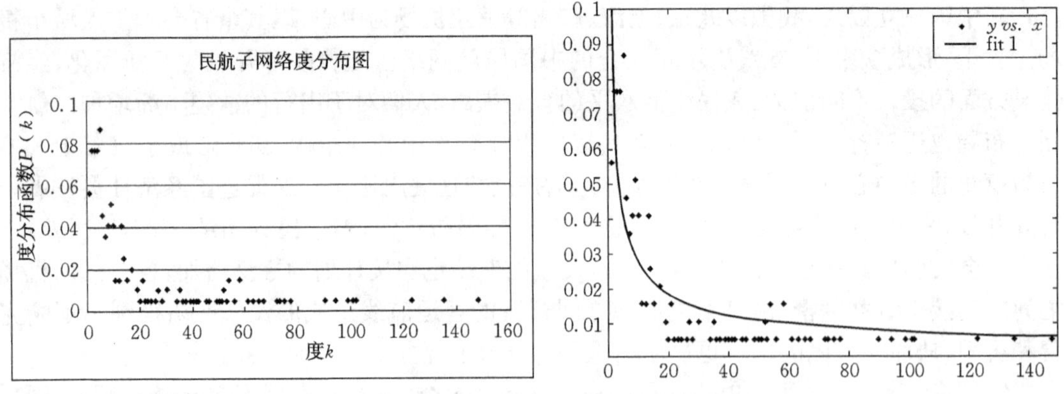

图 2.2　民航子网络度分布图及其曲线拟合

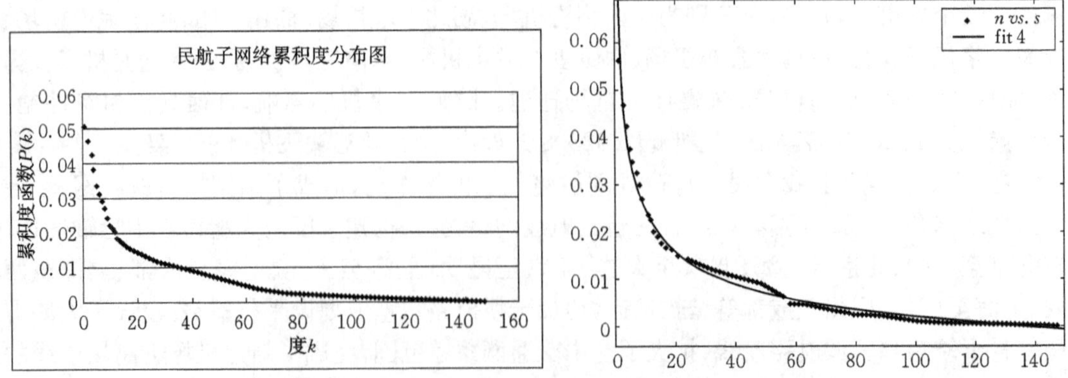

图 2.3　民航子网络累积度分布图及其曲线拟合

图 2.2 为民航子网络的度分布图，横坐标表示为民航子网络的度，纵坐标为民航子网络的度分布函数。图 2.3 为民航子网络的累计度分布图，横坐标为民航子网络的度，纵坐标为民航子网络的累积度分布函数。

由两幅图可以看出我国民航子网络的度分布符合幂律分布，通过曲线拟合可以得到$a=0.076\ 15$，$b=-0.601\ 3$。因此我们验证了民航子网络为无标度网络。

(2)平均路径长度

通过 Net-Paths between 2 vertices-Distribution of Distances-From All Vertices 可以得到民航子网络的平均路径长度 $L=2.058$，即表明两个节点之间分离程度小，平均需要 1 次左右的中转就可以从民航子网络的一个城市到达另一个城市。直径为 $D=4$(最远拓扑距离为阿拉善右旗—德令哈)。

(3)聚集度系数

通过 Net-Vector-Clustering Coefficient-CC1 可以得到民航子网络的聚集度系数为 0.801 3。

通过与同等规模的随机网络进行对比，得到表 2.1，可以得到民航子网络具有较小平均路径长度和较大的聚集度系数，因此民航子网络为小世界网络。

表 2.1　民航子网络与相同规模的随机网络的特性比较

网络	节点规模	平均度 k	平均路径长度 L	聚集度系数 C
随机网络	196	19.67	2.012	0.101 9
民航子网络	196	19.92	2.058	0.801 3

通过比较我们可以发现，民航网络与同等规模的随机网络相比，平均度数值基本相同、平均路径长度数值均较小，且民航子网络的聚集度系数远远大于随机网络的聚集度系数，这也进一步验证了民航子网络是一个无标度的小世界网络。

民航子网络的度节点较少且平均度较小，但是其平均路径长度也比较小，说明了民航站的连通度比较好，但是其覆盖的城市均为大中型城市，偏远地区及支线末端地区的连接较少。同时民航子网络的聚集度系数较高，说明网络干线航线密集，结构稳定。

2.2　高铁子网络的建立及拓扑特性分析

2.2.1　高铁网络简述及发展现状

截至 2016 年底，中国高铁运营里程超过 2.2 万 km，占世界高铁运营总里程 60%以上，位居全球第一。目前，中国高铁与其他铁路共同构成的快速客运网已达 4 万 km 以上。随着近年来郑徐、沪昆、宝兰等多条高铁的开通，我国高铁“四纵四横”主骨架已基本形成。在长三角、珠三角、环渤海等城市群，高铁早已连片成网。2016 年，国家铁路发送旅客 27.7 亿人次，其中全国动车组发送人数达到 14.43 亿人次，中国铁路投入运营的动车组已有2 600 余组，居世界首位，安全运行里程超过 50.5 亿 km。而在动车组旅客发送量中，高铁发送人数为 11.8 亿人次，高铁已经成为人们出行的首选。高速铁路覆盖范围扩大、成网运营，极大缩短了各区域间和城乡间的时空距离，显著改善了大众的出行环境。特别是在西部交通欠发达地区，高铁开通运营，大大缩短了与东、中部地区的时空距离，方便了人员往来和经贸交流。

根据铁路中长期发展规划，到2020年，一批重大标志性项目建成投产，铁路网规模达到15万公里，其中高速铁路3万公里，覆盖80%以上的大城市，为完成“十三五”规划任务、实现全面建成小康社会目标提供有力支撑。到2025年，铁路网规模达到17.5万公里左右，其中高速铁路3.8万公里左右，网络覆盖进一步扩大，路网结构更加优化，骨干作用更加显著，更好发挥铁路对经济社会发展的保障作用。展望2030年，基本实现内外互联互通、区际多路畅通、省会高铁连通、地市快速通达、县域基本覆盖。

2011～2015年期间，我国建成快速客运网，建设“四纵四横”高速铁路。贯通北京至哈尔滨(大连)、北京至上海、上海至深圳、北京至深圳及徐州至兰州、上海至成都等“四纵四横”高速铁路。规划建设城际铁路。规划建设长江三角洲、珠江三角洲、环渤海地区、长株潭城市群、中原城市群、武汉城市圈、成渝经济区、关中城市群、海峡西岸经济区以及呼包鄂地区、北部湾地区、鄱阳湖生态经济区、滇中地区等城际铁路。利用通道内新建快速铁路和既有铁路开行城际列车，充分发挥路网资源在区域城际客运中的作用。

2.2.2 数据来源

高铁子网络的数据来源于统计截至2015年5月20日的所有铁路局开行的高铁、动车、城际铁路车次的所有到站信息，此数据包含了全国近4 000个的高铁车次，425个高铁站(子网络的建立里去掉了现无法连接进高速铁路网的独立线路，如海南环岛线、集宁至呼和浩特至包头线)。

2.2.3 高铁子网络的建立

对数据进行整理，将所有车次经过的城市进行一一对应，将结果形成excel表格，通过createpajek软件将.xls文件转化成pajek可以读取的.net文件。将文件导入pajek，通过Net-Transform-Remove-Multiple Lines-single以及Net-Transform-Remove-Loops来删减重复的边和环，得到如图2.4所示的高铁子网络的拓扑图形(见书末插页)。从中我们可以发现高铁子网络具有一部分群落特征，基本上群落是由城际铁路形成的。

2.2.4 高铁子网络拓扑特性分析

(1)度、度分布、与累积度分布

通过Net-Partitions-Degree-All可以得到高铁子网络的度，通过对高铁子网络的度进行分析，得到了图2.5和图2.6，同时我们可以得到高铁子网络的平均度为56.18。

图2.5为高铁子网络的度分布图，横坐标表示为高铁子网络的度，纵坐标为高铁子网络的度分布函数。图2.6为高铁子网络的累计度分布图，横坐标为高铁子网络的度，纵坐标为高铁子网络的累积度分布函数。

由两幅图可以看出我国高铁子网络的度分布符合幂律分布。因此我们验证了高铁子网络为无标度网络。

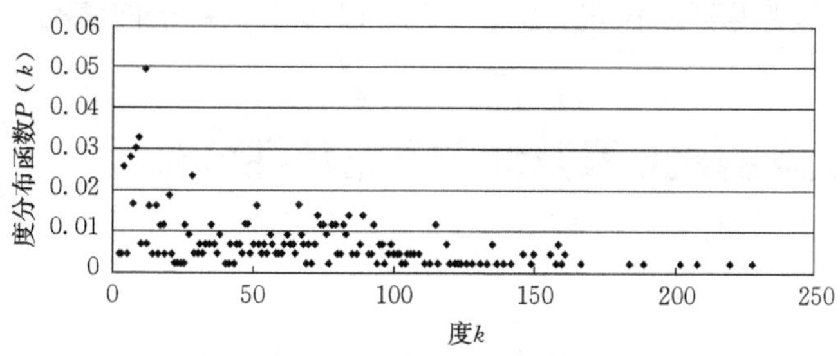

图 2.5　高铁子网络度分布图

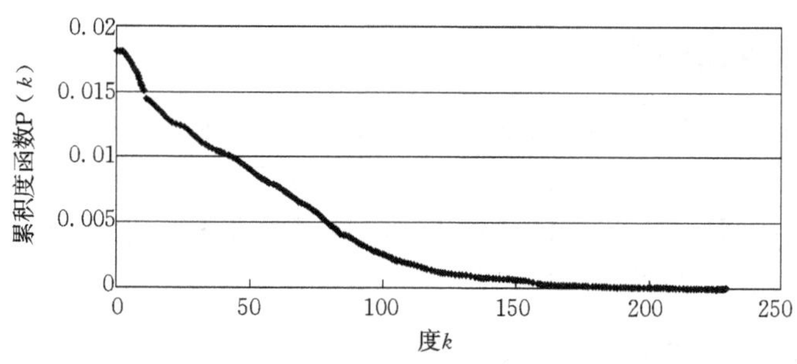

图 2.6　高铁子网络累积度图

(2)平均路径长度

通过 Net-Paths between 2 vertices-Distribution of Distances-From All Vertices 可以得到高铁子网络的平均路径长度 $L=2.195$，即表明两个节点之间分离程度小，平均需要不到 2 次的中转就可以从高铁子网络的一个城市到达另一个城市。直径为 $D=5$(最远拓扑距离为抚顺—开阳)。

(3)聚集度系数

通过 Net-Vector-Clustering Coefficient-CC1 可以得到高铁子网络的聚集度系数为 0.740 2。

通过与同等规模的随机网络进行对比，得到表 2.2，可以得到高铁子网络具有较小平均路径长度和较大的聚集度系数，因此高铁子网络为小世界网络。

表 2.2　高铁子网络与相同规模的随机网络的特性比较

网络	节点规模	平均度 k	平均路径长度 L	聚集度系数 C
随机网络	425	55.85	1.868 7	0.131 7
高铁子网络	425	56.18	2.194 5	0.740 2

通过对比我们可以发现，高铁子网络与同等规模的随机网络相比，平均路径长度数值要大一些，这是因为高铁子网络内有一些高铁线路开行的跨线车次还较少，例如贵州和广西境内的高铁线路，以及很多城际铁路的开行，使得整个网络内的中转次数增加。同样的，高铁子网络的聚集度系数比同等规模的随机网络要高很多，这是因为目前主要的高铁线路集中在中国的东部地区，其连通度已经非常好了，各区域间的联系也日益密切

了,因此网络结构也变得更加稳定,由此我们可以得出高铁子网络是一个无标度的小世界网络。

2.3 高速客运网的建立及其复杂网络特性分析

2.3.1 数据来源

高速客运复合网络的数据来源于民航子网络的相关数据以及高铁子网络的相关数据。数据包括了579个节点、14 312条边。

2.3.2 高速客运网络的建立

对数据进行整理,将结果形成excel表格,通过createpajek软件将.xls文件转化成pajek可以读取的.net文件。将文件导入pajek,通过Net-Transform-Remove-Multiple Lines-single以及Net-Transform-Remove-Loops来删减重复的边和环,得到如图2.7所示(见书末彩插)的高速客运网络的拓扑图形。

2.3.3 高速客运网络复杂网络特征分析

(1)度、度分布、与累积度分布

通过Net-Partitions-Degree-All可以得到高速客运网络的度(附录一),通过对高速客运网络的度进行分析,得到了图2.8和图2.9,同时我们可以得到高速客运网络的平均度为47.43。

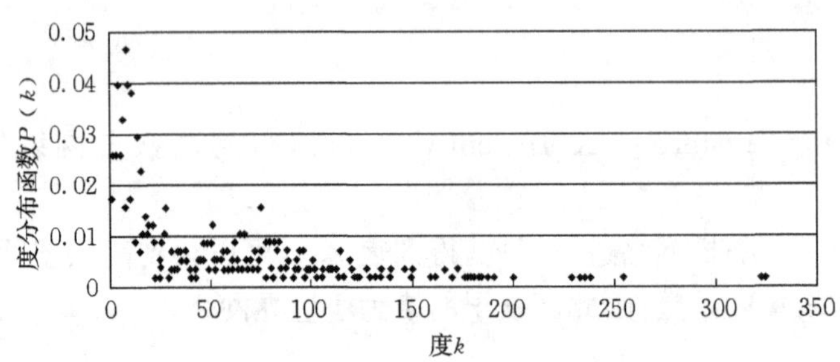

图2.8 高速客运网络度分布图

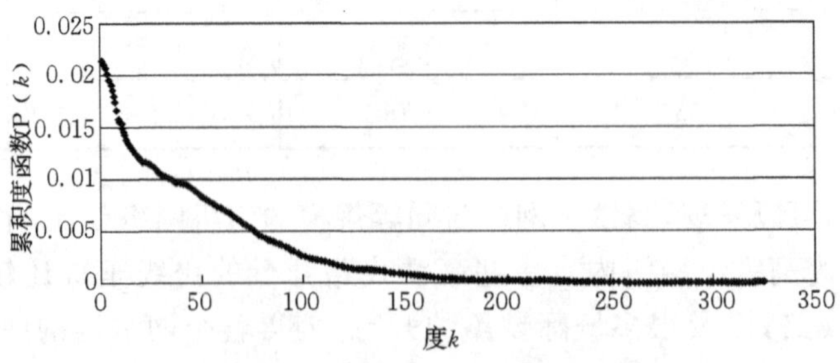

图2.9 高速客运网络累积度图

图 2.8 为高速客运网络的度分布图，横坐标表示为高速客运网络的度，纵坐标为高速客运网络的度分布函数。图 2.9 为高速客运网络的累计度分布图，横坐标为高速客运网络的度，纵坐标为高速客运网络的累积度分布函数。

由两幅图可以看出我国高速客运网络的度分布符合幂律分布，通过曲线拟合可以得到 $a=0.041\,17$，$b=-0.461\,5$。因此我们验证了高速客运网络为无标度网络。

(2)平均路径长度

通过 Net-Paths between 2 vertices-Distribution of Distances-From All Vertices 可以得到高速客运网络的平均路劲长度 $L=2.248$，即表明两个节点之间分离程度小，平均需要不到 2 次的中转就可以从高速客运网络的一个城市到达另一个城市。直径为 $D=4$(最远拓扑距离为阿拉善右旗—运粮河)。

(3)聚集度系数

通过 Net-Vector-Clustering Coefficient-CC1 可以得到高速客运网络的聚集度系数为 0.772 8。

通过与同等规模的随机网络进行对比，得到表 2.3，可以得到高速客运网络具有较小平均路径长度和较大的聚集度系数，因此高速客运网络为小世界网络。

表 2.3 高速客运网络与相同规模的随机网络的特性比较

网络	节点规模	平均度 k	平均路径长度 L	聚集度系数 C
随机网络	579	46.68	1.9399	0.0798
高速客运网	579	47.43	2.2483	0.7728

将复合网络与子网络的特性进行比较，得到表 2.4。

表 2.4 高速客运网络与民航子网络、高铁子网络特性比较

网络	节点数	平均度	平均路径长度	聚集度系数	无标度性	小世界性
民航子网络	196	19.67	2.058	0.8013	有	有
高铁子网络	425	56.18	2.195	0.7401	有	有
高速客运网	579	47.43	2.248	0.7728	有	有

网络的度较大且平均路径长度较小，与随机网络的数值相近，同时聚集系数远远大于同等规模的随机网络，表现出高速的聚集度。

与子网络进行对比可以发现，高速客运网络的节点数比两个子网络多，说明其覆盖的城市较多。同时平均路径长度增大，说明其周转次数增加，但增加的数量并不明显。聚集度系数介于民航子网络和高铁子网络之间，说明其结构的稳定程度介于高铁子网络和民航子网络之间。

与 2012 年的数据进行纵向比较可以发现：2015 年的高速客运网络的节点数远远大于 2012 年的高速客运网络，主要原因是近几年我国的高铁网络建设突飞猛进，很多条主要的高铁线路建成并投入使用；平均度大幅提升，说明各节点之间的连通度更大，各节点之间更加方便到达；平均路径长度不变，是因为我国中西部的高铁网络连通度还不是很好，民航网络的支线网络还不发达，民航网络末端的机场可以到达的城市较少；聚集度大幅提高，说明现在的高速客运网络结构更加紧密，聚集度更好。

由此可以得出结论：基于 2015 年 5 月数据的高速客运网络，具有无标度特性和小世界特性，属于复杂网络，网络节点迅速增加，平均度大幅增加，换乘次数减少，聚集程度成倍增长。

3 高速客运网络演化博弈分析

3.1 博弈的基本构成

任何一个博弈都包括以下三个组成部分：至少两位决策者或比赛者，或代理人参与博弈，可统称为博弈参与者；博弈参与者有自己的博弈策略，所有参与者的策略构成策略空间；博弈参与者按照相应的博弈规则进行博弈，获得收益。

在博弈过程中，博弈参与者以自身利益最大化为目标，即以此为指导原则进行策略选择。如果策略空间和收益函数对所有的参与者都是公开的，这个博弈就是完全信息博弈，否则被称作不完全信息博弈。如果博弈的参与者只能同时或者独立的选择策略而不是参考其他人的策略，则称为静态博弈。相反，如果博弈参与者的决策活动是依次选择行为而不是同时选择行为，而且后选择行为者能够看到先选择行为者的选择内容，则称为动态博弈。在静态博弈和动态博弈的基础上，重复博弈描述了静态博弈和动态博弈的反复进行的过程。

3.1.1 纳什均衡

对于一般形式的博弈 G，有 n 个博弈参与者，每个博弈参与者全部的可选策略集合成为"策略空间"，分别用 $S_1,\cdots,S_n$ 表示；$S_{ij}\in S_i$ 表示博弈参与者 i 的第 j 个策略，其中 j 可取有限个值（有限个策略），也可取无限个值（无限个策略）；博弈参与者 i 的收益用 u_i 表示，u_i 是各博弈参与者策略的函数。将 n 个博弈参与者的博弈 G 表达为 $G=\{S_1,\cdots,S_n;u_1,\cdots u_n\}$，纳什均衡定义如下：

在博弈 $G=\{S_1,\cdots,S_n;u_1,\cdots u_n\}$ 中，如果博弈参与者策略组成的策略组合 $(s_1^*,\cdots,s_n^*)$ 中，任何一个参与者的策略 s_i^*，都是对其参与者策略组合 $(s_1^*,\cdots,s_n^*)$ 的最佳对策，即 $u_i(s_1^*,\cdots,s_{i-1}^*,s_i^*,s_{i+1}^*,\cdots,s_n^*)\geq u_i(s_1^*,\cdots,s_{i-1}^*,s_{ij}^*,s_{i+1}^*,\cdots,s_n^*)$ 对任意 $s_{ij}\in S_i$ 都成立，则称 $(s_1^*,\cdots,s_n^*)$ 为 G 的一个"纳什均衡"。

3.1.2 博弈模型及其相互关系

1. 囚徒困境模型

有两个人犯了案子，被警察抓住。这两个嫌疑犯被警察分别关在两个不同的屋子里审讯，互相不可能有任何的信息沟通。他们两个各自的律师分别替他们做了这样一个分析：如果他们两个都坦白了（即不合作策略或 D 策略），那么各判刑 5 年；如果两个人都抵赖（即合作策略或 C 策略），死不承认，可能因为警察及诉讼官的证据不足而只能以一个小罪名各判

1 年；如果其中一个坦白，另一个抵赖，那么坦白的那个人可能因为被迫从犯且坦白从宽的原则而不作形式诉讼，仅做些口头教育便释放了，而那个选择抵赖的人依据抗拒从严的原则，将被判 8 年监禁。这里指的合作是两个嫌疑犯之间的合作，而不是嫌疑犯与警察的合作。根据以上描述，囚徒困境的博弈矩阵为：

$$\begin{bmatrix} -1 & -8 \\ 0 & -5 \end{bmatrix}$$

那么，每个嫌疑犯根据矩阵所给出的博弈收益会这样考虑自己的策略：如果对方选择不坦白（合作 C 策略）、我选择坦白（背叛 D 策略）的收益为 0，比选择不坦白（合作 C 策略）的收益－1 更好，因此我应该选择坦白（背叛 D 策略）；反过来，如果对方选择坦白（背叛 D 策略）、我选择坦白（背叛 D 策略）的收益为－5，比选择不坦白（合作 C 策略）的收益－8 更好，因此我应该选择坦白（背叛 D 策略）。因此，两个嫌疑犯都会选择坦白（背叛 D 策略）。此博弈的纳什均衡解释为（D，D）策略组合。

2. 雪崩博弈模型

两个司机在暴风雪中被困于一个大雪崩的两侧，他们现在有两种选择：要么下车开始铲雪（合作策略 C），要么待在车上什么也不做（背叛策略 D）。如果两个司机都愿意下车铲雪，则两者因为得以顺利回家而人均得到数量为 b 的收益，共同承担铲雪所付出的劳动代价为 c，即每个人因为得以顺利回家而人均得到了报酬 $(b-c)/2$。如果两个司机都待在温暖的车上，则他们因不能按时回家而没有任何收益，即收益为 0。如果其中的一个下来铲雪，则两人也都能顺利回家，但铲雪的司机（合作者）将独自承担铲雪的工作，因而得到的收益为 $b-c$，而待在车上不劳而获的司机（背叛者）没有付出劳动也回了家，故其获得最大收益 b。根据雪崩博弈模型描述的实际意义，其博弈矩阵为：

$$\begin{bmatrix} \dfrac{b-c}{2} & b-c \\ b & 0 \end{bmatrix}$$

其中 $b>c>0$。那么每个司机根据矩阵所给出的博弈收益会这样考虑自己的策略：如果对方选择铲雪（合作策略 C），我选择待在车上（背叛策略 D）的收益为 b，比选择铲雪（合作策略 C）的收益 $(b-c)/2$ 更好，因此我应该待在车上（背叛策略 D）；如果对方选择待在车上（背叛策略 D），我选择铲雪（合作策略 C）的收益为 $b-c$，比选择待在车上（背叛策略 D）的收益为 0 更好，因此我应该选择铲雪（合作策略 C）。因此，雪崩博弈的纳什均衡解有两个，一个是（D，C）策略组合，另一个是（C，D）组合，即对方选择合作策略时自己选择背叛策略，对方选择背叛策略时自己选择合作策略。

3. 牡鹿捕捉模型

牡鹿捕捉博弈起源于著名的法国思想家卢梭对狩猎者两难选择的描述。狩猎者有两个可能的行为：合作捕捉牡鹿（合作策略 C）或单独捕捉兔子（背叛策略 D）。对于两个狩猎者来说，其博弈矩阵为：

$$\begin{bmatrix} 5 & 0 \\ 2 & 1 \end{bmatrix}$$

那么，每个狩猎者根据矩阵所给出的博弈收益会这样考虑自己的策略：如果对方选择合作捕捉牡鹿（合作策略 C），我选择合作捕捉牡鹿（合作策略 C）的收益为 5，比选择单独捕捉兔子（背叛策略 D）的收益 2 更好，因此我应该选择合作捕捉牡鹿（合作策略 C）；如果对方选择单独捕捉兔子（背叛策略 D），我选择单独捕捉兔子的收益为 1，比选择合作捕捉牡鹿（合作策略 C）的收益为 0 更好，因此我应该选择单独捕捉兔子（背叛策略 D）。这样，牡鹿捕捉博弈的纳什均衡解有两个：一个是（C，C）策略组合，共同捕捉牡鹿；另一个是（D，D）策略组合，各自捕捉兔子，即对方选择合作时自己选择合作策略，对方选择背叛策略时自己选择背叛策略。

4. 博弈模型之间的关系

通过对前面三个不同博弈模型的基本描述可以看出，这三个博弈模型都具有典型的社会困境（Social Dilemma）的特点，但其纳什均衡解并不相同。社会困境可以用两人博弈的形式进行描述，博弈中有两个可以选择的策略——合作（C）或背叛（D）。合作的含义包括诚实、坦白、互相帮助等符合人类道德标准的行为，背叛的含义包括撒谎、欺骗、剽窃等违背人类道德标准的行为。在两人博弈里，合作和背叛行为可能产生四种策略组合，即（C，C）、（D，D）、（C，D）、（D，C）。令 R 和 P 分别为两人共同合作和共同背叛时个体得到的收益，S 为（C，D）策略组合中选 C 策略的个体收益，T 为（D，C）策略组合中选择 D 策略的个体收益。一个社会困境的博弈矩阵为：

$$\begin{bmatrix} R & S \\ T & P \end{bmatrix}$$

在一个社会困境中，策略组合产生的收益关系必须满足以下四个条件：

（1）$R>P$。博弈个体偏好共同合作（C，D）而非共同背叛（D，D）。

（2）$R>S$。博弈个体偏好共同合作（C，C）而非单方面合作（C，D）。

（3）$2R>T+S$。共同合作（C，C）产生的集体收益大于单方面的合作（C，D）或单方面背叛（D，C）所产生的集体收益。

（4）$T>R$ 或 $P>S$。博弈个体偏好单方面背叛（D，C）而非共同合作（C，C），或者博弈个体偏好共同的背叛（D，D）而非单方面合作（C，D）。$T>R$ 描述了个体的贪婪特性，$P>S$ 描述了个体对博弈对手选择背叛策略的担心或害怕。

用社会困境的一般表达形式来描述前面所讲的三个模型，相比他们在不同策略组合下的博弈收益关系，囚徒困境模型的博弈收益关系可以表达为 $T>R>P>S$，雪崩博弈模型的博弈收益模型可以表达为 $T>R>S>P$，牡鹿捕捉模型的博弈关系可以表达为 $R>T>P>S$。可以看出在牡鹿捕捉模型中，尽管共同合作的收益大于单方面背叛的收益，即 $R>T$，但由于 $P>S$ 使得个体担心博弈对手不和自己共同捕捉牡鹿，进而产生了（D，D）纳什均衡。在雪崩博弈模型中，则是由于 $T>R$ 使得自利个体的贪婪特性发生作用，进而产生了（D，C）纳什均衡。在囚徒困境博弈模型中，由于 $T>R$ 和 $P>S$ 同时满足，进而产生了最为糟糕的情形，即产生了唯一的（D，D）纳什均衡。

3.2 演化博弈理论

3.2.1 演化博弈理论介绍

在静态博弈、动态博弈和重复博弈中，尽管少数地方会考虑到博弈参与者的理性局限和犯错误的可能性，但都是以博弈参与者具有完全理性为基础。完全理性包括理性意识、分析推理能力、识别判断能力和准确行为能力等多方面的完美性要求，其中任何一方面不完美就不是完全理性。这对于现实中的行为决策行为者而言是很难满足的高要求。当社会经济环境和决策问题都比较复杂时，人们表现出来的往往是有限理性，而不是完全理性。

有限理性意味着博弈参与者没有能力一开始就找到最优策略，而是会在博弈过程中进行不断学习，通过试错的过程不断选择更好的策略；还意味着均衡是不断调整和改进的结果，而不是一次性选择的结果，而且即使达到了均衡也可能再次偏离。在有限理性的前提下，博弈分析的核心不再是博弈方的最优策略选择，而是有限理性博弈参与者的学习和策略调整过程、趋势和稳定性。这里的稳定性是指博弈参与者采用特定策略的比例不变，而非某个博弈方的策略不变。这也是演化博弈理论与经典博弈理论的一个重要区别，即均衡意义的转变。在演化博弈理论里，演化稳定策略是一个非常重要的概念。

由前面的分析可以看出，在有限理性的前提下，博弈分析的关键是确定博弈参与者的学习和策略调整模式。由于有限理性博弈参与者可能有很多理性层次，学习和策略调整的方式和速度也就不尽相同。

通常演化博弈理论具有以下几个特点：

(1)它主要强调的是参与过程中个体学习及模仿能力，个体的理性程度是有限的，而不再同传统博弈论一样，对参与个体作完全理性的假设。

(2)没有明确的博弈对手，因此在博弈过程中更多的是考虑对整体的影响。

(3)演化博弈会出现多次或者无限循环，需要很长的一段时间才能达到平衡状态。

这些特点可以更好地促进演化博弈参与者的合作，获得最优的反应动态。最优反应动态所描述模式为：博弈参与者能够对不同的策略结果进行比较和评估，并相应地调整自己的策略。根据给定前面的博弈结果，各个博弈参与者都能找到针对性的最佳反应策略。

演化博弈理论将基因理论及生物进化理论作为核心思想。通过对自然界动植物的繁衍进化的分析，我们可以得到，他们的这些行为是出于本能的反应，是无需进行思考的。物竞天择、优胜劣汰的原则终将会趋向于纳什均衡。因此，为了最大程度上的降低对于完全理性的选择标准，我们可以只辨别好的行为选择及差的行为选择，以便更加真实的趋近于真实情况。

3.2.2 复杂网络演化博弈理论

在现有研究中，博弈个体策略调整的规则主要包括模仿最优、复制动力学、Femi 过程、Moran 过程等。

1. 模仿最优

模仿最优规则是一个确定性的策略更新规则，其策略调整的动力学机制为：

博弈个体通过和所有的邻居(有直接连边关系)进行博弈获得博弈收益。当博弈个体更新自身的博弈策略时,会比较自己和所有邻居的收益大小,选择产生最高收益的博弈策略作为自己下一次博弈的策略。如果不同的策略产生了相同的博弈收益,则随机选择一个策略作为下一次博弈的策略。

2. 复制动力学

复制动力学规则在策略调整中引入了随机因素,根据博弈收益差,以概率函数模仿更优者的博弈策略,其动力学机制为:

当某个博弈个体 i 要更新自身的博弈策略时,他随机地选择一个自己的邻居 j 进行比较,如果邻居 j 的博弈收益 U_j 大于自身的博弈收益 U_i,即 $U_j>U_i$,个体 i 在下次博弈中以概率 P_j 模仿个体 j 的策略,即

$$P_i(s_i \leftarrow s_j)=\frac{U_j-U_i}{D\cdot\max(k_i,k_j)}$$

式中,U_i 和 U_j 分别代表个体 i 和 j 的博弈收益;$\max(k_i,k_j)$表示个体 i 和个体 j 的度中的较大值;D 为博弈矩阵中最大参数与最小参数的差,其作用是使得概率 P_j 保持在 0~1 的范围。

3. Femi 过程

考虑到有限理性的博弈个体在进行策略调整的时候也会犯一定程度的错误,Femi 更新规则允许非理性的概率模仿,即在策略调整中引入噪声参数刻画博弈个体非理性选择,其动力学机制:

博弈个体通过和所有的邻居进行博弈获得博弈收益。当博弈个体 i 要更新自身的博弈策略时,他随机地选择一个自己的邻居 j 进行收益比较,个体 i 在下次博弈中采取邻居 j 的策略概率为:

$$P_{(i\leftarrow j)}=\frac{1}{1+\mathrm{e}^{(U_i+U_j)/k}}$$

式中,U_i 和 U_j 分别代表个体 i 和 j 在本次博弈在所获得的收益;$k\,(k\geqslant 0)$刻画的噪声效应,表示允许个体进行非理性的选择,即那些收益较低的个体策略仍有一个小的概率被比收益高的个体所采用。当 k 的值趋于 0 时,上面的规则变为确定性的选择规则,即进行非理性选择的概率变为 0;而当 k 的值比较大时,此规则变为随机选择规则,个体的收益信息完全没有作用,博弈个体以一种丢硬币的方式去采取参考邻居策略。

4. Moran 过程

Moran 过程主要来自生物生存演化的描述,其动力学机制为:

每个时刻,一个个体被选择出来繁殖后代的概率 P_i 表示为:

$$P_i=\frac{U_i}{\sum U_j}$$

式中,U_i 表示个体 i 的适应度,即在博弈中所获得的收益。

可以看出,Moran 过程体现了生物界优胜劣汰的机制,即更优的基因或策略有更大的可能性被遗传到下一代。

基于以上策略调整的动力学原则，网络中众多的参与者可以以同步更新或异步更新两种不同的形式更新自身的策略。同步更新是指在每次博弈后，所有参与者都尝试进行策略调整。异步更新是指每次博弈完成后，在网络中随机选出一个或一部分参与者进行策略更新。Humberman 和 Glance 指出，同步更新和异步更新得到的结果可能会有所不同，而大多数情况下，这两种更新方式对博弈的结果并没有明显的影响。

3.2.4 平均场理论

从理论上分析博弈行为产生的合作水平，如果系统满足平均场近似条件，即在一个非常大的群体里，个体与随机选择的有限数量的其他个体进行博弈，则可以用平均场理论进行近似解析求解。假定在社会困境所描述的博弈情景下，当前群体中采取合作策略的个体的密度为 ρ，采取背叛策略的个体的密度为 $1-\rho$，每个个体的与其他 z 个随机选择的个体进行博弈。那么，合作背叛策略者和背叛者的平均收益 U_{C} 和 U_{D} 分别为

$$U_{\mathrm{C}}=Rz\rho+Sz(1-\rho)$$

$$U_{\mathrm{D}}=Tz\rho+Pz(1-\rho)$$

式中，z 为每个个体的相互作用邻居数，R、S、T、P 为常数值。

整个群体的平均收益为：

$$\overline{U}=\rho U_c+(1-\rho)U_d$$

那么，采用合作策略的博弈一参与者的密度 ρ 的变化可以用动态微分方程进行描述，即

$$\frac{\mathrm{d}\rho}{\mathrm{d}t}=\rho(U_{\mathrm{C}}-\overline{U})=\rho(1-\rho)(U_{\mathrm{C}}-U_{\mathrm{D}})$$

以上宏观层面合作者密度 ρ 的动态变化在微观层面满足近似方程

$$\frac{\mathrm{d}\rho}{\mathrm{d}t}=(1-\rho)W(\mathrm{D}\rightarrow\mathrm{C})-\rho W(\mathrm{C}\rightarrow\mathrm{D})$$

其中，$W(\mathrm{D}\rightarrow\mathrm{C})$表示背叛策略个体转变为合作策略个体的概率，$W(\mathrm{C}\rightarrow\mathrm{D})$表示合作策略个体转变为背叛策略个体的概率。

当博弈个体策略更新调整规则如式 $P_{(i\leftarrow j)}=\dfrac{1}{1+\mathrm{e}^{(U_i-U_j)/k}}$所示的 Femi 过程，合作者密度 ρ 的动态变化为

$$\frac{\mathrm{d}\rho}{\mathrm{d}t}=\rho(1-\rho)\tanh[(U_{\mathrm{C}}-U_{\mathrm{D}})/2k]$$

根据合作背叛策略者和背叛者的平均收益 U_{C} 和 U_{D} 方程，在不同博弈情景所给出的不同 R、S、T、P 的取值及初始的合作密度 ρ 条件下，结合合作者密度 ρ 的动态变化微分方程，可以得到群体合作者密度的均衡状态。比如，对于囚徒困境博弈，合作者的密度在长时间演化下将会趋于 0。

复杂网络上的博弈研究发现，个体之间交互作用的网络细节、博弈模型及博弈策略调整规则都会对群体的合作状态起到不同程度的影响。如果在研究中引入其他客观因素，如个体的记忆效应、个体的差异性等，相关参数会进一步的增加，进行解析分析的难度也会进一步增大。因此，复杂网络上的演化博弈是通过计算机模拟仿真进行研究。

3.3 博弈论和复杂网络的关系

与复杂网络上的疾病传播和同步相似，复杂网络上的博弈研究也开始于对规则网络上的博弈行为的探讨。第一篇论文《Evolutionary Games and Spatial Choas》于1992年发表于《Nature》杂志。Nowak 和 May 研究了囚徒困境博弈在方格网上的动态演化。研究发现，合作者在方格网上可以通过结成紧凑的聚集来抵制背叛策略的入侵。Newak 和 May 的工作是开创性的。一方面，他们发现了网络结构所形成的个体之间局部交互作用对合作行为的积极作用；另一方面，他们为后续的研究提供了研究思路和研究方法，关注于不同网络细节对合作产生的影响。

无论是规则网络、小世界网络还是无标度网络，其研究的基本假定是博弈个体位于静态网络的节点上，基于网络结构所定义的博弈关系进行博弈，个体只能调整自己的博弈策略，不能改变自己的博弈关系。然而，现实生活中个体的社会关系必然是处于不断调整的状态之中。此外，有关社会关系的实证研究表明，个体的社会关系一直发生着变化。

复杂网络上的博弈研究的基本思路是：①用博弈模型（如囚徒困境博弈、雪崩博弈、牡鹿捕捉博弈）描述个体的博弈情景；②用复杂网络（如规则网络、小世界网络、无标度网络、动态网络）刻画个体之间的交互作用关系，个体位于网络节点上，节点之间边表示博弈关系；③有限理性的个体在初始状态随机选择一个博弈策略，然后在博弈过程中采取某种策略调整的动力学规则不断地调整或者改变自己的博弈策略，整个群体最终达到一种动态均衡的合作状态，即群体中存在一定密度或比例的合作者。

3.4 双复杂网络演化博弈模型

3.4.1 基本模型

为了研究双网络间动态演化博弈的网络结构和合作水平，我们给予网络1与网络2不同的囚徒困境博弈收益矩阵，使在网络1中成员间的合作收益要少于网络2中成员间合作的收益，来表示不同网络中成员对于合作的偏好。这样的假设是考虑不同网络间的运行环境不同。

我们考虑建立一个双网络的博弈演化模型，记为网络 $W_v(i^v, l_i^v, s_i^v)$，其中 $v=1、2$ 表示网络1和网络2，$i^v=1^v, 2^v, \cdots, N^v$ 表示网络 v 的成员，l_i^v 表示网络 v 中第 i^v 个成员的博弈策略。成员之间进行囚徒困境博弈，收益矩阵记为：

$$\mathbf{A}=\begin{bmatrix} R & S \\ T & P \end{bmatrix}$$

在囚徒困境博弈中，成员之间博弈拥有两个策略，即合作或者背叛。从集体的角度出发，当背叛遭遇合作时，背叛的收益 T 要远远高于合作的收益 S，即 $T>S$；如果对方选择合作我也选择合作，设他们的收益都是 R；如果对方选择背叛，我也选择背叛，则设他们的收益为 P。对比他们在不同策略组合下的博弈收益关系，囚徒困境模型收益表达关系式可以表示为 $T>R>P>S$ 和 $T+S<2R$，以保证共同合作产生的集体收益大于单方面合作或者背

叛所产生的集体收益，同时也确保了背叛者的背叛合作收益最高。在这里，我们使用二维矢量来表示每个成员的策略，$s_i^v=(1,0)$表示合作策略，$s_i^v=(0,1)$表示背叛策略。

双网络博弈演化模型建立如下：

(1)初始化：给定两个网络，每个内部有 N_0 个完全连接的成员，网络间没有连接。

(2)生长：每一个时间步，每个网络各自加入一个新成员。新成员会在本网络 v 中有 m $(1\leqslant m\leqslant 4)$个连接，也会在外网络 $v'(v\neq v')$中拥有 $n(1\leqslant n\leqslant m)$个连接。新加入成员的策略随机等概率为合作或者背叛。

(3)连接的选择：新成员在本网络 v 中挑选某位成员 i 建立连接的概率正比于该成员 i 的度 k_{iv}，概率 $\underset{iv}{\Pr}$ 表示为

$$\underset{iv}{\Pr}=\frac{k_{iv}}{\sum\limits_{z}k_{iv}}$$

新成员在外网络 v'中挑选某位成员 i 建立连接的概率$\underset{iv'}{\Pr'}$也正比于该成员 i 的度 $k_{iv'}$：

$$\underset{iv'}{\Pr'}=\frac{k_{iv'}}{\sum\limits_{z}k_{iv'}}$$

(4)博弈：每加入一个新成员后，在两个网络上进行一次全局的囚徒困境博弈。

博弈形式如下：

网络 1 的一个成员 x_1 和他的所有邻居(包括网络 1 和网络 2)进行一次囚徒困境博弈，收集他跟每个邻居的博弈结果得到相应的总收益：

$$P_{x1}=\sum_{y\in\Omega x1}s_{x1}\,\boldsymbol{A}_1 s_y^{\mathrm{T}}$$

式中，Ω_{x1} 表示 x_1 的所有邻居组成的集合；s_{x1} 表示成员 x_1 的策略；s_y^{T} 表示成员 y 的策略的转置；$\boldsymbol{A}_1$为 x_1 的收益矩阵。

网络 2 的一个成员 x_2 和他的所有邻居(包括网络 1 和网络 2)进行一次囚徒困境博弈，收集他跟每个邻居的博弈结果得到相应的总收益：

$$P_{x2}=\sum_{y\in\Omega x2}s_{x2}\,\boldsymbol{A}_2 s_y^{\mathrm{T}}$$

式中，Ω_{x2} 表示 x_2 的所有邻居组成的集合；s_{x2} 表示成员 x_2 的策略；s_y^{T} 表示成员 y 的策略的转置；$\boldsymbol{A}_2$为 x_2 的收益矩阵。

(5)策略更新：在一轮博弈后，每个成员 x 以均匀分布随机选择他的一个邻居 y，和他的总收益进行比较，并以一定的概率 $W_{s_x\to s_y}$ 学习 y(更新 x 的策略)的策略。

(6)回到(2)：经过一定的时间步后，使网络圆滑达到稳定后，进行统计策略。

(7)第(2)～(6)完成了模型的一定时间步后，我们统计各网络的稳定平均合作水平：

$$\bar{r}^{cv}=E\left[\frac{N_t^{cv}}{N_t^v}\right]\approx\frac{1}{M}\sum_t\frac{N_t^{cv}}{N_t^v}$$

网络合作水平稳定后的方差：

$$\sigma_v^2=D\left[\frac{N_t^{cv}}{N_t^v}\right]\approx\frac{1}{M}\sum_t\left(\frac{N_t^{cv}}{N_t^v}-\bar{r}_{cv}\right)$$

式中，N_t^{cv} 表示 t 时刻网络 v 中合作成员的数量；N_t^v 表示 t 时刻网络 v 中成员的总数量，

$\bar{r}_{cv}$表示网络 v 的稳定合作水平，N_t^{cv}/N_t^v 表示网络 v 在第 t 个时间步的合作水平，N 表示最终各个网络的成员数量，M 是有效统计步数。在这个双网络演化博弈模型中，可以根据不同的实际问题给定不同的博弈模型（博弈收益矩阵 $\boldsymbol{A}$）和不同的策略更新概率 $W_{sx\to sy}$。为了研究空间互利性导致的合作水平的突变，并初步揭示出网络间的相互联系对于平均合作水平的影响，我们选择两个独立的博弈收益矩阵和自然选择的更新概率，研究双网络的博弈演化模型的合作水平演化。另外，为了比较不同的策略更新对网络内禀特征的影响，我们选择共享公平选择的策略更新概率，比较研究双网络在自然选择和公平选择的演化博弈中的合作水平。

3.4.2 独立自然的选择双网络的演化博弈模型

为了给出空间互利性的效应和网络间互相联系的影响，我们选择两个独立的博弈收益矩阵，设 v=1 是低合作倾向的网络，不利于其成员的合作；v=2 是高合作倾向的网络，有利于其成员的合作。我们用不同的收益矩阵 $\boldsymbol{A}$ 来表示合作倾向的高低：

$$\boldsymbol{A}_1=\begin{bmatrix} R & S \\ T & P \end{bmatrix}=\begin{bmatrix} b_1-c_1 & -c_1 \\ b_1 & 0 \end{bmatrix}$$

$$\boldsymbol{A}_2=\begin{bmatrix} R & S \\ T & P \end{bmatrix}=\begin{bmatrix} b_2-c_2 & -c_2 \\ b_2 & 0 \end{bmatrix}$$

其中 b_1、b_2 为各个网络的收益系数。我们令 $c_1=c_2=1$，和 $b_1\leqslant b_2$ 表示两个网络的不同合作倾向，即网络 2 的合作倾向比网络 1 高。策略的更新满足自然选择的更新概率，即成员 x 学习 y 的策略的概率为（参数 β 表示自然选择概率的强度）：

$$W_{sx\to sy}=\frac{1}{1+\exp(-\beta(P_y-P_x))}$$

这个模型我们称之为独立自然选择双网络演化博弈模型。之所以称之为独立，是因为博弈过程中成员 x 得到的收益与成员 y 无关。

3.4.3 共享自然选择双网络演化博弈模型

不同于独立自然模型，共享模型考虑到真实世界的博弈合作-合作的双方会共享获得的收益，合作-背叛的双方中背叛者会卷走所有的收益，当成员 x 和 y 博弈时，成员 x 得到的收益与成员 x 和 y 所在的网络都有关，从而我们需要定义四个收益矩阵，每个收益矩阵 $\boldsymbol{A}_{vv'}$ 的下标 v 表示成员 x 所在的网络，v'表示成员 y 所在的网络。

$$\boldsymbol{A}_{11}=\begin{bmatrix} R & S \\ T & P \end{bmatrix}=\begin{bmatrix} b_1-c_1 & -c_1 \\ b_1 & 0 \end{bmatrix}$$

$$\boldsymbol{A}_{12}=\begin{bmatrix} R & S \\ T & P \end{bmatrix}=\begin{bmatrix} \left(\dfrac{b_1+c_2}{2}\right) & -c_1 \\ b_2 & 0 \end{bmatrix}$$

$$\boldsymbol{A}_{21}=\begin{bmatrix} R & S \\ T & P \end{bmatrix}=\begin{bmatrix} \left(\dfrac{b_1+c_2}{2}\right) & -c_2 \\ b_1 & 0 \end{bmatrix}$$

$$A_{22}=\begin{bmatrix}R & S\\ T & P\end{bmatrix}=\begin{bmatrix}b_2-c_2 & -c_2\\ b_2 & 0\end{bmatrix}$$

在博弈过程中，每加入一个新成员后，在两个网络上进行一次全局的囚徒困境博弈。博弈形式如下：网络 v 的一个成员 x_v 和他的所有的邻居 y(包括网络 v 和网络 v' 中的邻居)进行一次博弈，收集他跟每个邻居的博弈结果得到相应的总收益：

$$P_{xv}=\sum_{y_v\in\Omega_{xv}} s_{x_v}A_{vv}s_{y_v}^{\mathrm{T}}+\sum_{y_v'\in\Omega_{xv}} s_{x_v}A_{vv'}s_{y_v'}^{\mathrm{T}}$$

式中，y_v 表示 x_v 的属于网络 v 的邻居；y_v'表示属于网络 v'的邻居；s_{xv}表示成员 x_v 的策略；s_{yv}^T表示成员 y_v 的策略的转置；$s_{yv'}^T$表示成员 y_v'的策略的转置。策略的更新与独立自然选择双网络演化博弈模型相同：

$$W_{s_x\to s_y}=\frac{1}{1+\exp(-\beta(P_y-P_x))}$$

3.4.4 共享公平选择双网络演化博弈模型

我们进一步考虑不同的更新策略对双网络演化的影响，我们推广了常用的策略更新模式，选择共享公平选择的策略更新概率：

$$W_{s_x\to s_y}=\frac{P_y-P_x}{b_y\max(k_x,k_y)}$$

其中 b_y 代表了 y 所在网络的收益系数。这种模式更加接近真实世界的模仿和学习。人们评价个体的成功往往会考虑这个个体所具有的禀赋的影响，禀赋利用得越好的个体越成功，而不是成就越大越成功。所以人们会学习那些能够最大化利用现有资源的个体。这种更新策略可以统计上消除网络间收益的不平等以及邻居不相等的影响，只是挑选能够最大化利用他们邻居成员，我们称为公平选择的策略更新模式。

3.5 高铁与民航双复杂网络演化博弈

3.5.1 建模思路

在复杂网络的演化博弈过程中，网络中的成员数量变化是一个动态的过程，成员自身的策略也在不断地更新中，合作的成员也在不断地发生变化，才能演化出最后的网络，以求出合作水平。本书研究的高铁与民航复杂网络是在已开通高铁与民航的城市间建立的。直接采用上文中已建好的网络，参照共享自然选择双网络演化博弈模型和共享公平选择双网络演化博弈模型进行演化博弈研究。

3.5.2 演化博弈模型建立

从以上三种模型中，根据共享自然选择双网络演化博弈模型和共享公平选择双网络演化博弈模型，并结合实际高铁与民航网络的运营情况，建立了高铁与民航双复杂网络间演化博弈模型。网络 1 表示高铁网络，网络 2 表示民航网络，每一个时间步加入的新成员都会与其他成员进行囚徒困境博弈。在这里我们更新策略的方式为模仿最优者，模仿最优者是在每轮博弈后，个体采用其邻居中获得的最高收益个体的策略进行下一轮的交互。A_{11}表示高铁内部的网络收益，A_{12}表示高铁网络与民航网络之间的收益，A_{21}表示民航网络与高铁网络之间的收益，A_{22}表示民航内部的网络收益。

具体模型如下：

(1)初始化。在构建思路中已经提到了如何建立网络。我国共有 425 个城市开通高铁，所以在高铁网络中共有 425 个节点。我国共有 196 个城市建有民航机场，所以在民航网络中共有 196 个节点。每个网络中的这些节点是两两连接的，网络间没有连接。根据实际数据，得出个节点的度值见表 3.1、表 3.2。

(2)生长。每一个时间步在高铁网络和民航网络中分别加入一个节点作为新的成员，新成员与本网络会有 30 个节点连接，与外网络有 30 个节点连接，新加入的成员策略为合作或者背叛。

(3)连接的选择。与基本模型相同。

(4)博弈。与共享自然选择双网络演化博弈模型相同。

(5)策略更新。在每轮博弈结束后进行模仿最优者，个体采取其邻居中获得最高收益的个体的策略进行下一轮的交互。

表 3.1 高铁网络度值

节点	度值	节点	度值	节点	度值
上海	228	邯郸	73	普湾	27
北京	220	西安	73	闻喜	27
南京	208	新乡	73	巩义	26
武汉	202	永州	73	光明城	26
杭州	189	长春	73	灵石	26
昆山	184	福清	72	平遥古城	26
南昌	167	葫芦岛	72	祁县	26
常州	161	枝江	72	永济	25
广州	161	连江	71	东戴河	24
苏州	160	金寨	70	滦县	23
无锡	159	绅坊	70	襄汾	22
徐州	159	四平	70	大荔	21
长沙	159	盘锦	69	戚墅堰	21
合肥	158	东安	68	贵港	20
济南	156	全州	68	贵阳	20
深圳	156	漳浦	68	桂平	20
湖州	150	陆丰	67	角美	20
镇江	150	水家湖	67	莱西	20

续上表

节点	度值	节点	度值	节点	度值
宜兴	149	铁岭	67	平南	20
溧阳	146	仙游	67	桃村	20
岳阳	146	北戴河	66	梧州	20
宁波	142	定远	66	昌乐	19
曲阜	139	涵江	66	云浮	19
福州	137	怀化	66	大英	18
丹阳	135	娄底	66	恭城	18
嘉兴	135	祁阳	66	贺州	18
郑州	135	渭南	66	怀集	18
绍兴	133	祁东	65	三江	18
蚌埠	131	诏安	65	都匀	17
泰安	128	哈尔滨	64	葛店	17
厦门	126	惠东	64	海阳	17
莆田	124	长寿	64	三都县	17
余姚	123	奉化	63	藤县	17
泉州	122	进贤	63	从江	16
枣庄	120	醴陵	63	抚顺	16
衡阳	119	滨海	62	巴东	15
六安	119	龙岩	62	丹徒	15
上虞	119	永福	62	广宁	15
德清	116	庄桥	62	贵定县	15
德州	115	肥东	61	容桂	15
荆州	115	高安	61	顺德	15
天津	115	高碑店	61	小榄	15
宜昌	115	高邑	60	南充	14
长兴	115	玉山	60	南江	14
抚州	113	将乐	59	合浦	13
咸宁	111	来宾	59	黄冈	13
恩施	109	昌图	58	龙里	13
潜江	109	衡山	58	南江口	13
温州	107	德安	57	榕江	13
重庆	107	廊坊	57	文登	13
台州	106	洛阳	57	郁南	13

续上表

节点	度值	节点	度值	节点	度值
宿州	106	定州	56	九台	12
石家庄	105	耒阳	56	南头	12
温岭	105	滦河	56	珠海	12
成都	104	绥中	56	北滘	11
桐乡	103	罗源	55	德阳	11
海宁	102	南靖	55	峨眉山	11
天门	102	鄂州	54	贺胜桥	11
淮南	101	南城	54	横沟桥	11
滕州	101	清远	54	红光镇	11
嘉善	100	建宁县	53	乐山	11
麻城	100	开原	53	绵阳	11
溧水	99	合川	52	庙山	11
萍乡	99	遂宁	52	南湖	11
宜春	99	瓦屋山	52	郫县	11
保定	98	大连	51	普安	11
松江	98	德惠	51	山坡	11
株洲	97	黄石	51	汤逊湖	11
苍南	96	惠安	51	土地堂	11
涪陵	96	辽阳	51	乌龙泉	11
信阳	96	韶山	51	犀浦	11
金华	95	营口	51	阳澄湖	11
临海	95	葵潭	50	纸坊	11
驻马店	95	庐山	50	中山	11
利川	94	湘潭	50	江油	11
郴州	93	鞍山	49	安亭	10
南宁	93	兴安	49	碧江	10
韶关	93	鲅鱼圈	48	常平	10
义乌	93	惠山	48	宝华山	9
余杭	93	邵阳	48	东升	9
桂林	92	阳新	48	古镇	9
宁德	92	永泰	48	花桥	9
潍坊	91	海城	47	花山	9
淄博	91	句容	47	华容	9

续上表

节点	度值	节点	度值	节点	度值
滁州	89	瑞昌	47	江门	9
惠州	89	新化	47	南翔	9
揭阳	89	正定	47	唐家湾	9
金山	89	汨罗	46	仙林	9
柳州	89	弋阳	46	新晃	9
石柱县	89	公主岭	45	新会	9
丰都	88	华山	45	芷江	9
瑞安	88	涿州	45	左岭	9
汕尾	88	鲘门	44	安德	8
普宁	87	永修	44	广汉	8
青州市	87	章丘	44	花湖	8
沧州	85	龙游	43	离堆公园	8
新余	85	宾阳	42	南朗	8
鳌江	84	太原	42	彭山	8
汉川	84	潼南	42	青白江	8
建始	84	云霄	41	青莲	8
衢州	84	军粮城	40	青神	8
霞浦	84	扶余	38	新津	8
漳州	84	共青城	38	迎宾路	8
红安	83	鹿寨	38	钟山	8
上饶	83	渑池	38	大冶	8
仙桃	83	辽中	37	达州	7
雁荡山	83	明港	37	龙山镇	7
福鼎	82	宝鸡	36	明珠	7
漯河	82	吉林	36	蓬安	7
全椒	82	杨陵	36	随州	7
饶平	82	北海	35	土溪	7
鹰潭	82	灵宝	35	襄阳	7
鹤壁	81	双城	35	安陆	6
青岛	81	咸阳秦都	35	车墩	6
高密	80	英德	35	春申	6
诸暨	80	盖州	34	都江堰	6
江宁	79	岐山	34	谷城	6

续上表

节点	度值	节点	度值	节点	度值
晋江	79	肇庆	34	十堰	6
秦皇岛	79	莱阳	33	亭林	6
三门县	79	三水	33	新桥	6
沈阳	79	烟台	33	叶榭	6
安阳	78	即墨	32	营山	6
赤壁	78	台安	32	枣阳	6
江山	78	荣成	31	青城山	6
乐清	78	威海	31	延安	5
三明	78	阳泉	31	防城港	5
孝感	77	牟平	30	东莞	4
虎门	76	钦州	30	贾鲁河	4
山海关	76	九江	29	绿博园	4
泰宁	76	瓦房店	29	南浦	4
许昌	76	侯马	28	彭州	4
潮阳	75	霍州	28	庆盛	4
宁海	75	介休	28	宋城路	4
太姥山	75	晋中	28	岳池	4
永嘉	75	开封	28	运粮河	4
尤溪	75	临汾	28	樟木头	4
锦州	74	商丘	28	广安	4
南丰	74	太谷	28	龙嘉	3
三门峡	74	溆浦	28	云梦	3
唐山	74	运城	28	武清	2
邢台	74	洪洞	27	开阳	2
福安	73	胶州	27		

表 3.2 民航网络度值

节点	度值	节点	度值	节点	度值
北京	148	宜宾	14	庆阳	5
上海	135	北海	13	西昌	5
广州	123	敦煌	13	锡林浩特	5
深圳	102	赣州	13	延安	5
成都	101	黄山	13	伊宁	5

续上表

节点	度值	节点	度值	节点	度值
西安	99	连云港	13	阿克苏	5
昆明	94	泸州	13	林芝	5
重庆	90	延吉	13	张家口	5
厦门	77	盐城	13	丹东	4
天津	75	长治	12	德宏	4
杭州	73	大理	12	二连浩特	4
大连	72	万州	12	汉中	4
沈阳	67	大同	11	黑河	4
长沙	65	阜阳	11	金昌	4
哈尔滨	63	柳州	11	通化	4
海口	61	喀什	10	伊春	4
郑州	58	赤峰	10	黎平	4
青岛	58	佳木斯	10	玉树	4
贵阳	58	井冈山	10	昭通	4
乌鲁木齐	56	九寨	10	秦皇岛	4
三亚	54	潍坊	10	梧州	4
武汉	54	襄阳	10	百色	4
南京	54	舟山	10	锦州	4
兰州	53	怀化	9	额济纳旗	3
呼和浩特	52	大庆	9	阿尔山	3
福州	52	嘉峪关	9	鞍山	3
南宁	51	库尔勒	9	朝阳	3
银川	50	南阳	9	抚远	3
太原	49	腾冲	9	和田	3
济南	46	通辽	9	克拉玛依	3
石家庄	45	铜仁	9	攀枝花	3
长春	42	武夷山	9	衢州	3
合肥	41	兴义	9	思茅	3
西宁	40	白山	8	永州	3
珠海	39	常德	8	稻城	3
温州	37	佛山	8	邯郸	3
宁波	36	哈密	8	天水	3
桂林	35	淮安	8	连城	3

续上表

节点	度值	节点	度值	节点	度值
南昌	35	景德镇	8	阿拉善右旗	2
丽江	34	牡丹江	8	衡阳	2
泉州	30	齐齐哈尔	8	中卫	2
烟台	30	乌兰浩特	7	昌都	2
揭阳	28	安顺	7	康定	2
拉萨	27	迪庆	7	保山	2
包头	27	南充	7	荔波	2
绵阳	26	台州	7	文山	2
海拉尔	24	唐山	7	河池	2
无锡	23	梅州	7	阿里	2
运城	22	安庆	6	夏河	2
义乌	21	池州	6	张掖	2
榆林	21	达州	6	神农架	2
遵义	21	鸡西	6	格尔木	2
徐州	20	吕梁	6	固原	2
鄂尔多斯	19	黔江	6	阿坝	1
西双版纳	19	乌海	6	日喀则	1
常州	17	宜春	6	临沧	1
临沂	17	六盘水	6	九江	1
南通	17	阿拉善左旗	5	阿勒泰	1
张家界	17	巴彦淖尔	5	博乐	1
扬州	15	东营	5	布尔津	1
宜昌	15	恩施	5	库车	1
湛江	15	广元	5	那拉提	1
洛阳	14	惠州	5	塔城	1
毕节	14	加格达奇	5	德令哈	1
济宁	14	满洲里	5		
威海	14	漠河	5		

3.6 高铁与民航双复杂网络演化博弈仿真分析

高铁及民航网络的原始节点度值参见表 3.1、表 3.2。我们令 $m=30$、$n=30$，这样虽然网络内和网络间的连接数较多，但可以更接近实际情况。高铁与民航两个初始网络成员的策略均为合作，来研究每一个时间步策略的更新和合作水平变化的原因。

当 $b_1=4$、$b_2=2$ 时：

(1)高铁网络中加入新的成员 X1，与高铁网络中各个城市度值降序排列的前三十个城市连接(即上海、北京、南京、武汉、杭州、昆山、南昌、常州、广州、苏州、无锡、徐州、长沙、合肥、济南、深圳、湖州、镇江、宜兴、溧阳、岳阳、宁波、曲阜、福州、丹阳、嘉兴、郑州、绍兴、蚌埠、泰安)，与民航网络各个城市度值降序排列的前三十个城市连接(即北京、上海、广州、深圳、成都、西安、昆明、重庆、厦门、天津、杭州、大连、沈阳、长沙、哈尔滨、海口、郑州、青岛、贵阳、乌鲁木齐、三亚、武汉、南京、兰州、呼和浩特、福州、南宁、银川、太原、济南)，策略随机抽取为背叛；民航网络中加入新的成员 Y1，与高铁网络中各个城市度值降序排列的前三十个城市连接，与民航网络各个城市度值降序排列的前三十个城市连接，策略随机抽取为合作。

(2)因为两个初始网络中成员的度值不同，可以选择度值大的连接，连接后的网络拓扑图如图 3.1 所示(见书末彩插)。

加入新的成员后，网络中成员的度值发生了变化，但只有每个网络中度值最大的三个点发生了变化，见表 3.3、表 3.4。

表 3.3　增加 X1 和 Y1 后高铁网络度值

地点	度值	地点	度值	地点	度值
X1	60	无锡	161	宁波	144
上海	230	徐州	161	曲阜	141
北京	222	长沙	161	福州	139
南京	210	合肥	160	丹阳	137
武汉	204	济南	158	嘉兴	137
杭州	191	深圳	158	郑州	137
昆山	186	湖州	152	绍兴	135
南昌	169	镇江	152	蚌埠	133
常州	163	宜兴	151	泰安	130
广州	163	溧阳	148		
苏州	162	岳阳	148		

表 3.4　增加 X1 和 Y1 后民航网络度值

地点	度值	地点	度值	地点	度值
Y1	60	杭州	75	武汉	56
北京	150	大连	74	南京	56
上海	137	沈阳	69	兰州	55
广州	125	长沙	67	呼和浩特	54
深圳	104	哈尔滨	65	福州	54
成都	103	海口	63	南宁	53

续上表

地点	度值	地点	度值	地点	度值
西安	101	郑州	60	银川	52
昆明	96	青岛	60	太原	51
重庆	92	贵阳	60	济南	48
厦门	79	乌鲁木齐	58		
天津	77	三亚	56		

求出每个成员与多有邻居博弈的总收益，为后面的策略更新打下基础，具体收益见表3.5、表3.6。

表 3.5 增加 X1 和 Y1 后高铁网络收益值

地点	收益	地点	收益	地点	收益
X1	180	邯郸	219	闻喜	81
上海	686	西安	219	巩义	78
北京	662	新乡	219	光明城	78
南京	626	永州	219	灵石	78
武汉	608	长春	219	平遥古城	78
杭州	569	福清	216	祁县	78
昆山	554	葫芦岛	216	永济	75
南昌	503	枝江	216	东戴河	72
常州	485	连江	213	滦县	69
广州	485	金寨	210	襄汾	66
苏州	482	绅坊	210	大荔	63
无锡	479	四平	210	戚墅堰	63
徐州	479	盘锦	207	贵港	60
长沙	479	东安	204	贵阳	60
合肥	476	全州	204	桂平	60
济南	470	漳浦	204	角美	60
深圳	470	陆丰	201	莱西	60
湖州	452	水家湖	201	平南	60
镇江	452	铁岭	201	桃村	60
宜兴	449	仙游	201	梧州	60
溧阳	440	北戴河	198	昌乐	57
岳阳	440	定远	198	云浮	57
宁波	428	涵江	198	大英	54

续上表

地点	收益	地点	收益	地点	收益
曲阜	419	怀化	198	恭城	54
福州	413	娄底	198	贺州	54
丹阳	407	祁阳	198	怀集	54
嘉兴	407	渭南	198	三江	54
郑州	407	祁东	195	都匀	51
绍兴	401	诏安	195	葛店	51
蚌埠	395	哈尔滨	192	海阳	51
泰安	386	惠东	192	三都县	51
厦门	378	长寿	192	藤县	51
莆田	372	奉化	189	从江	48
余姚	369	进贤	189	抚顺	48
泉州	366	醴陵	189	巴东	45
枣庄	360	滨海	186	丹徒	45
衡阳	357	龙岩	186	广宁	45
六安	357	永福	186	贵定县	45
上虞	357	庄桥	186	容桂	45
德清	348	肥东	183	顺德	45
德州	345	高安	183	小榄	45
荆州	345	高碑店	183	南充	42
天津	345	高邑	180	南江	42
宜昌	345	玉山	180	合浦	39
长兴	345	将乐	177	黄冈	39
抚州	339	来宾	177	龙里	39
咸宁	333	昌图	174	南江口	39
恩施	327	衡山	174	榕江	39
潜江	327	德安	171	文登	39
温州	321	廊坊	171	郁南	39
重庆	321	洛阳	171	九台	36
台州	318	定州	168	南头	36
宿州	318	耒阳	168	珠海	36
石家庄	315	滦河	168	北滘	33
温岭	315	绥中	168	德阳	33
成都	312	罗源	165	峨眉山	33

续上表

地点	收益	地点	收益	地点	收益
桐乡	309	南靖	165	贺胜桥	33
海宁	306	鄂州	162	横沟桥	33
天门	306	南城	162	红光镇	33
淮南	303	清远	162	乐山	33
滕州	303	建宁县	159	绵阳	33
嘉善	300	开原	159	庙山	33
麻城	300	合川	156	南湖	33
溧水	297	遂宁	156	郫县	33
萍乡	297	瓦屋山	156	普安	33
宜春	297	大连	153	山坡	33
保定	294	德惠	153	汤逊湖	33
松江	294	黄石	153	土地堂	33
株洲	291	惠安	153	乌龙泉	33
苍南	288	辽阳	153	犀浦	33
涪陵	288	韶山	153	阳澄湖	33
信阳	288	营口	153	纸坊	33
金华	285	葵潭	150	中山	33
临海	285	庐山	150	江油	33
驻马店	285	湘潭	150	安亭	30
利川	282	鞍山	147	碧江	30
郴州	279	兴安	147	常平	30
南宁	279	鲅鱼圈	144	宝华山	27
韶关	279	惠山	144	东升	27
义乌	279	邵阳	144	古镇	27
余杭	279	阳新	144	花桥	27
桂林	276	永泰	144	花山	27
宁德	276	海城	141	华容	27
潍坊	273	句容	141	江门	27
淄博	273	瑞昌	141	南翔	27
滁州	267	新化	141	唐家湾	27
惠州	267	正定	141	仙林	27
揭阳	267	汨罗	138	新晃	27
金山	267	弋阳	138	新会	27

续上表

地点	收益	地点	收益	地点	收益
柳州	267	公主岭	135	芷江	27
石柱县	267	华山	135	左岭	27
丰都	264	涿州	135	安德	24
瑞安	264	鲘门	132	广汉	24
汕尾	264	永修	132	花湖	24
普宁	261	章丘	132	离堆公园	24
青州市	261	龙游	129	南朗	24
沧州	255	宾阳	126	彭山	24
新余	255	太原	126	青白江	24
鳌江	252	潼南	126	青莲	24
汉川	252	云霄	123	青神	24
建始	252	军粮城	120	新津	24
衢州	252	扶余	114	迎宾路	24
霞浦	252	共青城	114	钟山	24
漳州	252	鹿寨	114	大冶	24
红安	249	渑池	114	达州	21
上饶	249	辽中	111	龙山镇	21
仙桃	249	明港	111	明珠	21
雁荡山	249	宝鸡	108	蓬安	21
福鼎	246	吉林	108	随州	21
漯河	246	杨陵	108	土溪	21
全椒	246	北海	105	襄阳	21
饶平	246	灵宝	105	安陆	18
鹰潭	246	双城	105	车墩	18
鹤壁	243	咸阳秦都	105	春申	18
青岛	243	英德	105	都江堰	18
高密	240	盖州	102	谷城	18
诸暨	240	岐山	102	十堰	18
江宁	237	肇庆	102	亭林	18
晋江	237	莱阳	99	新桥	18
秦皇岛	237	三水	99	叶榭	18
三门县	237	烟台	99	营山	18
沈阳	237	即墨	96	枣阳	18

续上表

地点	收益	地点	收益	地点	收益
安阳	234	台安	96	青城山	18
赤壁	234	荣成	93	延安	15
江山	234	威海	93	防城港	15
乐清	234	阳泉	93	东莞	12
三明	234	牟平	90	贾鲁河	12
孝感	231	钦州	90	绿博园	12
虎门	228	九江	87	南浦	12
山海关	228	瓦房店	87	彭州	12
泰宁	228	侯马	84	庆盛	12
许昌	228	霍州	84	宋城路	12
潮阳	225	介休	84	岳池	12
宁海	225	晋中	84	运粮河	12
太姥山	225	开封	84	樟木头	12
永嘉	225	临汾	84	广安	12
尤溪	225	商丘	84	龙嘉	9
锦州	222	太谷	84	云梦	9
南丰	222	溆浦	84	武清	6
三门峡	222	运城	84	开阳	6
唐山	222	洪洞	81		
邢台	222	胶州	81		
福安	219	普湾	81		

表 3.6　增加 X1 和 Y1 后民航网络收益值

地点	收益	地点	收益	地点	收益
Y1	180	威海	14	漠河	5
北京	153	宜宾	14	庆阳	5
上海	140	北海	13	西昌	5
广州	128	敦煌	13	锡林浩特	5
深圳	107	赣州	13	延安	5
成都	106	黄山	13	伊宁	5
西安	104	连云港	13	阿克苏	5
昆明	99	泸州	13	林芝	5
重庆	95	延吉	13	张家口	5

续上表

地点	收益	地点	收益	地点	收益
厦门	82	盐城	13	丹东	4
天津	80	长治	12	德宏	4
杭州	78	大理	12	二连浩特	4
大连	77	万州	12	汉中	4
沈阳	72	大同	11	黑河	4
长沙	70	阜阳	11	金昌	4
哈尔滨	68	柳州	11	通化	4
海口	66	喀什	10	伊春	4
郑州	63	赤峰	10	黎平	4
青岛	63	佳木斯	10	玉树	4
贵阳	63	井冈山	10	昭通	4
乌鲁木齐	61	九寨	10	秦皇岛	4
三亚	59	潍坊	10	梧州	4
武汉	59	襄阳	10	百色	4
南京	59	舟山	10	锦州	4
兰州	58	怀化	9	额济纳旗	3
呼和浩特	57	大庆	9	阿尔山	3
福州	57	嘉峪关	9	鞍山	3
南宁	56	库尔勒	9	朝阳	3
银川	55	南阳	9	抚远	3
太原	54	腾冲	9	和田	3
济南	51	通辽	9	克拉玛依	3
石家庄	45	铜仁	9	攀枝花	3
长春	42	武夷山	9	衢州	3
合肥	41	兴义	9	思茅	3
西宁	40	白山	8	永州	3
珠海	39	常德	8	稻城	3
温州	37	佛山	8	邯郸	3
宁波	36	哈密	8	天水	3
桂林	35	淮安	8	连城	3
南昌	35	景德镇	8	阿拉善右旗	2
丽江	34	牡丹江	8	衡阳	2
泉州	30	齐齐哈尔	8	中卫	2

续上表

地点	收益	地点	收益	地点	收益
烟台	30	乌兰浩特	7	昌都	2
揭阳	28	安顺	7	康定	2
拉萨	27	迪庆	7	保山	2
包头	27	南充	7	荔波	2
绵阳	26	台州	7	文山	2
海拉尔	24	唐山	7	河池	2
无锡	23	梅州	7	阿里	2
运城	22	安庆	6	夏河	2
义乌	21	池州	6	张掖	2
榆林	21	达州	6	神农架	2
遵义	21	鸡西	6	格尔木	2
徐州	20	吕梁	6	固原	2
鄂尔多斯	19	黔江	6	阿坝	1
西双版纳	19	乌海	6	日喀则	1
常州	17	宜春	6	临沧	1
临沂	17	六盘水	6	九江	1
南通	17	阿拉善左旗	5	阿勒泰	1
张家界	17	巴彦淖尔	5	博乐	1
扬州	15	东营	5	布尔津	1
宜昌	15	恩施	5	库车	1
湛江	15	广元	5	那拉提	1
洛阳	14	惠州	5	塔城	1
毕节	14	加格达奇	5	德令哈	1
济宁	14	满洲里	5		

对此过程进行分析：X1 要学习其邻居收益最大者上海，高铁网络中其余城市也学习他们所连接的受益最大者的节点，这样高铁网络中所有节点均为合作策略，所以仍保持合作策略；航空网络中的度值较大的三十个节点要学习其邻居收益最大者 Y1 这个节点，改变策略为背叛；航空网格其余的节点要学习他们本身度值最大的节点，仍为合作策略。航空网络中度值较大的三十个节点将策略改为背叛的原因是因为航空网络内部加入了背叛的成员 Y1，且获得了较高的收益，而民航网络的收益系数比较小，因此连接 Y1 的成员而改变了自身的策略。

(3)高铁网络加入新成员 X2，与高铁网络中度值最大的三十个节点连接，与民航网络度值最大的三十个节点连接，策略随机抽取为背叛；民航网络中加入新的成员 Y2，与高铁网络中度值最大的三十个节点连接,与民航网络中度值最大的三十个节点连接,策略随机抽取为合作。连接后的网络拓扑图如图 3.2 所示(见书末彩插)。

加入新的成员后,网络中的成员的度值发生了变化,见表 3.7、表 3.8。

表 3.7　增加 X2 和 Y2 后高铁网络度值

地点	度值	地点	度值	地点	度值
X1	60	苏州	164	岳阳	150
X2	60	无锡	163	宁波	146
上海	232	徐州	163	曲阜	143
北京	224	长沙	163	福州	141
南京	212	合肥	162	丹阳	139
武汉	206	济南	160	嘉兴	139
杭州	193	深圳	160	郑州	139
昆山	188	湖州	154	绍兴	137
南昌	171	镇江	154	蚌埠	135
常州	165	宜兴	153	泰安	132
广州	165	溧阳	150		

表 3.8　增加 X2 和 Y2 后民航网络度值

地点	度值	地点	度值	地点	度值
Y1	60	天津	79	三亚	58
Y2	60	杭州	77	武汉	58
北京	152	大连	76	南京	58
上海	139	沈阳	71	兰州	57
广州	127	长沙	69	呼和浩特	56
深圳	106	哈尔滨	67	福州	56
成都	105	海口	65	南宁	55
西安	103	郑州	62	银川	54
昆明	98	青岛	62	太原	53
重庆	94	贵阳	62	济南	50
厦门	81	乌鲁木齐	60		

求出每个成员与多个邻居博弈的总收益,为后面的策略更新打下基础,具体收益见表 3.9、表 3.10。

表 3.9 增加 X2 和 Y2 后高铁网络收益值

地点	收益	地点	收益	地点	收益
X1	60	福安	219	普湾	81
X2	120	邯郸	219	闻喜	81
上海	701	西安	219	巩义	78
北京	677	新乡	219	光明城	78
南京	641	永州	219	灵石	78
武汉	623	长春	219	平遥古城	78
杭州	584	福清	216	祁县	78
昆山	569	葫芦岛	216	永济	75
南昌	518	枝江	216	东戴河	72
常州	500	连江	213	滦县	69
广州	500	金寨	210	襄汾	66
苏州	497	绅坊	210	大荔	63
无锡	494	四平	210	戚墅堰	63
徐州	494	盘锦	207	贵港	60
长沙	494	东安	204	贵阳	60
合肥	491	全州	204	桂平	60
济南	485	漳浦	204	角美	60
深圳	485	陆丰	201	莱西	60
湖州	467	水家湖	201	平南	60
镇江	467	铁岭	201	桃村	60
宜兴	464	仙游	201	梧州	60
溧阳	455	北戴河	198	昌乐	57
岳阳	455	定远	198	云浮	57
宁波	443	涵江	198	大英	54
曲阜	434	怀化	198	恭城	54
福州	428	娄底	198	贺州	54
丹阳	422	祁阳	198	怀集	54
嘉兴	422	渭南	198	三江	54
郑州	422	祁东	195	都匀	51
绍兴	416	诏安	195	葛店	51
蚌埠	410	哈尔滨	192	海阳	51
泰安	401	惠东	192	三都县	51
厦门	378	长寿	192	藤县	51

续上表

地点	收益	地点	收益	地点	收益
莆田	372	奉化	189	从江	48
余姚	369	进贤	189	抚顺	48
泉州	366	醴陵	189	巴东	45
枣庄	360	滨海	186	丹徒	45
衡阳	357	龙岩	186	广宁	45
六安	357	永福	186	贵定县	45
上虞	357	庄桥	186	容桂	45
德清	348	肥东	183	顺德	45
德州	345	高安	183	小榄	45
荆州	345	高碑店	183	南充	42
天津	345	高邑	180	南江	42
宜昌	345	玉山	180	合浦	39
长兴	345	将乐	177	黄冈	39
抚州	339	来宾	177	龙里	39
咸宁	333	昌图	174	南江口	39
恩施	327	衡山	174	榕江	39
潜江	327	德安	171	文登	39
温州	321	廊坊	171	郁南	39
重庆	321	洛阳	171	九台	36
台州	318	定州	168	南头	36
宿州	318	耒阳	168	珠海	36
石家庄	315	滦河	168	北滘	33
温岭	315	绥中	168	德阳	33
成都	312	罗源	165	峨眉山	33
桐乡	309	南靖	165	贺胜桥	33
海宁	306	鄂州	162	横沟桥	33
天门	306	南城	162	红光镇	33
淮南	303	清远	162	乐山	33
滕州	303	建宁县	159	绵阳	33
嘉善	300	开原	159	庙山	33
麻城	300	合川	156	南湖	33
溧水	297	遂宁	156	郫县	33
萍乡	297	瓦屋山	156	普安	33

续上表

地点	收益	地点	收益	地点	收益
宜春	297	大连	153	山坡	33
保定	294	德惠	153	汤逊湖	33
松江	294	黄石	153	土地堂	33
株洲	291	惠安	153	乌龙泉	33
苍南	288	辽阳	153	犀浦	33
涪陵	288	韶山	153	阳澄湖	33
信阳	288	营口	153	纸坊	33
金华	285	葵潭	150	中山	33
临海	285	庐山	150	江油	33
驻马店	285	湘潭	150	安亭	30
利川	282	鞍山	147	碧江	30
郴州	279	兴安	147	常平	30
南宁	279	鲅鱼圈	144	宝华山	27
韶关	279	惠山	144	东升	27
义乌	279	邵阳	144	古镇	27
余杭	279	阳新	144	花桥	27
桂林	276	永泰	144	花山	27
宁德	276	海城	141	华容	27
潍坊	273	句容	141	江门	27
淄博	273	瑞昌	141	南翔	27
滁州	267	新化	141	唐家湾	27
惠州	267	正定	141	仙林	27
揭阳	267	汨罗	138	新晃	27
金山	267	弋阳	138	新会	27
柳州	267	公主岭	135	芷江	27
石柱县	267	华山	135	左岭	27
丰都	264	涿州	135	安德	24
瑞安	264	鲘门	132	广汉	24
汕尾	264	永修	132	花湖	24
普宁	261	章丘	132	离堆公园	24
青州市	261	龙游	129	南朗	24
沧州	255	宾阳	126	彭山	24
新余	255	太原	126	青白江	24

续上表

地点	收益	地点	收益	地点	收益
鳌江	252	潼南	126	青莲	24
汉川	252	云霄	123	青神	24
建始	252	军粮城	120	新津	24
衢州	252	扶余	114	迎宾路	24
霞浦	252	共青城	114	钟山	24
漳州	252	鹿寨	114	大冶	24
红安	249	渑池	114	达州	21
上饶	249	辽中	111	龙山镇	21
仙桃	249	明港	111	明珠	21
雁荡山	249	宝鸡	108	蓬安	21
福鼎	246	吉林	108	随州	21
漯河	246	杨陵	108	土溪	21
全椒	246	北海	105	襄阳	21
饶平	246	灵宝	105	安陆	18
鹰潭	246	双城	105	车墩	18
鹤壁	243	咸阳秦都	105	春申	18
青岛	243	英德	105	都江堰	18
高密	240	盖州	102	谷城	18
诸暨	240	岐山	102	十堰	18
江宁	237	肇庆	102	亭林	18
晋江	237	莱阳	99	新桥	18
秦皇岛	237	三水	99	叶榭	18
三门县	237	烟台	99	营山	18
沈阳	237	即墨	96	枣阳	18
安阳	234	台安	96	青城山	18
赤壁	234	荣成	93	延安	15
江山	234	威海	93	防城港	15
乐清	234	阳泉	93	东莞	12
三明	234	牟平	90	贾鲁河	12
孝感	231	钦州	90	绿博园	12
虎门	228	九江	87	南浦	12
山海关	228	瓦房店	87	彭州	12
泰宁	228	侯马	84	庆盛	12

续上表

地点	收益	地点	收益	地点	收益
许昌	228	霍州	84	宋城路	12
潮阳	225	介休	84	岳池	12
宁海	225	晋中	84	运粮河	12
太姥山	225	开封	84	樟木头	12
永嘉	225	临汾	84	广安	12
尤溪	225	商丘	84	龙嘉	9
锦州	222	太谷	84	云梦	9
南丰	222	溆浦	84	武清	6
三门峡	222	运城	84	开阳	6
唐山	222	洪洞	81		
邢台	222	胶州	81		

表 3.10 增加 X2 和 Y2 后民航网络收益值

地点	收益	地点	收益	地点	收益
Y1	60	济宁	−8	满洲里	−5
Y2	60	威海	−12	漠河	−1
北京	254	宜宾	−12	庆阳	−5
上海	228	北海	−9	西昌	−5
广州	204	敦煌	−13	锡林浩特	−3
深圳	162	赣州	−13	延安	−5
成都	160	黄山	−11	伊宁	−5
西安	156	连云港	−9	阿克苏	−5
昆明	146	泸州	−13	林芝	−3
重庆	138	延吉	−11	张家口	−5
厦门	112	盐城	−13	丹东	−4
天津	108	长治	−12	德宏	−4
杭州	104	大理	−10	二连浩特	−2
大连	102	万州	−12	汉中	−4
沈阳	92	大同	−9	黑河	−2
长沙	88	阜阳	−11	金昌	−2
哈尔滨	84	柳州	−7	通化	−4
海口	80	喀什	−8	伊春	−4
郑州	74	赤峰	−6	黎平	−4

续上表

地点	收益	地点	收益	地点	收益
青岛	74	佳木斯	−8	玉树	−2
贵阳	74	井冈山	−10	昭通	−4
乌鲁木齐	70	九寨	−8	秦皇岛	−2
三亚	66	潍坊	−8	梧州	−2
武汉	66	襄阳	−10	百色	−2
南京	66	舟山	−2	锦州	−4
兰州	64	怀化	−7	额济纳旗	1
呼和浩特	62	大庆	−9	阿尔山	−1
福州	62	嘉峪关	−5	鞍山	−3
南宁	60	库尔勒	−9	朝阳	−3
银川	58	南阳	−9	抚远	−1
太原	56	腾冲	−7	和田	−3
济南	50	通辽	−5	克拉玛依	−1
石家庄	3	铜仁	−5	攀枝花	−3
长春	−10	武夷山	−7	衢州	−3
合肥	−7	兴义	−7	思茅	−1
西宁	−10	白山	−6	永州	−3
珠海	−13	常德	−8	稻城	−3
温州	−19	佛山	−2	邯郸	−3
宁波	−10	哈密	−4	天水	−3
桂林	−21	淮安	−8	连城	−3
南昌	−21	景德镇	−8	阿拉善右旗	−4
丽江	−8	牡丹江	−8	衡阳	−2
泉州	−10	齐齐哈尔	−6	中卫	−2
烟台	−18	乌兰浩特	−3	昌都	0
揭阳	−12	安顺	−7	康定	−2
拉萨	−9	迪庆	−5	保山	−2
包头	−19	南充	−7	荔波	−2
绵阳	−20	台州	−7	文山	−2
海拉尔	−12	唐山	−5	河池	−2
无锡	−13	梅州	−5	阿里	2
运城	−20	安庆	−6	夏河	0
义乌	−13	池州	−4	张掖	−2

续上表

地点	收益	地点	收益	地点	收益
榆林	−17	达州	−4	神农架	−2
遵义	−15	鸡西	−6	格尔木	−2
徐州	−16	吕梁	−6	固原	0
鄂尔多斯	−13	黔江	−6	阿坝	−1
西双版纳	−11	乌海	−6	日喀则	−1
常州	−13	宜春	−6	临沧	−1
临沂	−13	六盘水	−6	九江	−1
南通	−15	阿拉善左旗	−1	阿勒泰	−1
张家界	−15	巴彦淖尔	−5	博乐	−1
扬州	−15	东营	−5	布尔津	−1
宜昌	−13	恩施	−5	库车	−1
湛江	−15	广元	−5	那拉提	−1
洛阳	−12	惠州	−5	塔城	−1
毕节	−12	加格达奇	−1	德令哈	−1

对此过程进行分析：X1、Y1、Y2 及高铁网络中其余节点都会向其邻居收益最大者高铁网络中的上海学习，仍然保持合作的策略；X2 会学习其邻居收益最大者高铁网络中的上海，将背叛策略改为合作；航空网络中所有节点都会学习其收益值最大的邻居北京的策略，仍保持背叛。此时航空网络中除新加入的节点外，都保持背叛策略，呈现一个全面背叛的情况。

高铁网络中加入新的成员 X3，与高铁网络中度值最大的前三十个节点连接，与民航网络中度值较大的前三十个节点连接，策略随机抽取为背叛；民航网络中加入新成员 Y3，与民航网络度值较大的前三十个节点连接，与高铁网络中度值较大的前三十个节点连接，策略随机抽取为背叛。连接后的网络拓扑图如图 3.3 所示（见书末彩插）。

加入新成员后，网络中成员的度值发生了变化，见表 3.11、表 3.12。

表 3.11　增加 X3 和 Y3 后高铁网络度值

地点	度值	地点	度值	地点	度值
X1	60	广州	167	溧阳	152
X2	60	苏州	166	岳阳	152
X3	60	无锡	165	宁波	148
上海	234	徐州	165	曲阜	145
北京	226	长沙	165	福州	143
南京	214	合肥	164	丹阳	141
武汉	208	济南	162	嘉兴	141

续上表

地点	度值	地点	度值	地点	度值
杭州	195	深圳	162	郑州	141
昆山	190	湖州	156	绍兴	139
南昌	173	镇江	156	蚌埠	137
常州	167	宜兴	155	泰安	134

表 3.12　增加 X3 和 Y3 后民航网络度值

地点	度值	地点	度值	地点	度值
Y1	60	厦门	83	乌鲁木齐	62
Y2	60	天津	81	三亚	60
Y3	60	杭州	79	武汉	60
北京	154	大连	78	南京	60
上海	141	沈阳	73	兰州	59
广州	129	长沙	71	呼和浩特	58
深圳	108	哈尔滨	69	福州	58
成都	107	海口	67	南宁	57
西安	105	郑州	64	银川	56
昆明	100	青岛	64	太原	55
重庆	96	贵阳	64	济南	52

求出两个网络每个成员与其所有邻居博弈的总收益，为后面的策略更新提供依据，具体收益见表 3.13、表 3.14。

表 3.13　增加 X3 和 Y3 后高铁网络收益值

地点	收益	地点	收益	地点	收益
X1	60	邢台	222	胶州	81
X2	60	福安	219	普湾	81
X3	120	邯郸	219	闻喜	81
上海	712	西安	219	巩义	78
北京	688	新乡	219	光明城	78
南京	652	永州	219	灵石	78
武汉	634	长春	219	平遥古城	78
杭州	595	福清	216	祁县	78
昆山	580	葫芦岛	216	永济	75
南昌	529	枝江	216	东戴河	72
常州	511	连江	213	滦县	69

续上表

地点	收益	地点	收益	地点	收益
广州	511	金寨	210	襄汾	66
苏州	508	绅坊	210	大荔	63
无锡	505	四平	210	戚墅堰	63
徐州	505	盘锦	207	贵港	60
长沙	505	东安	204	贵阳	60
合肥	502	全州	204	桂平	60
济南	496	漳浦	204	角美	60
深圳	496	陆丰	201	莱西	60
湖州	478	水家湖	201	平南	60
镇江	478	铁岭	201	桃村	60
宜兴	475	仙游	201	梧州	60
溧阳	466	北戴河	198	昌乐	57
岳阳	466	定远	198	云浮	57
宁波	454	涵江	198	大英	54
曲阜	445	怀化	198	恭城	54
福州	439	娄底	198	贺州	54
丹阳	433	祁阳	198	怀集	54
嘉兴	433	渭南	198	三江	54
郑州	433	祁东	195	都匀	51
绍兴	427	诏安	195	葛店	51
蚌埠	421	哈尔滨	192	海阳	51
泰安	412	惠东	192	三都县	51
厦门	378	长寿	192	藤县	51
莆田	372	奉化	189	从江	48
余姚	369	进贤	189	抚顺	48
泉州	366	醴陵	189	巴东	45
枣庄	360	滨海	186	丹徒	45
衡阳	357	龙岩	186	广宁	45
六安	357	永福	186	贵定县	45
上虞	357	庄桥	186	容桂	45
德清	348	肥东	183	顺德	45
德州	345	高安	183	小榄	45
荆州	345	高碑店	183	南充	42

续上表

地点	收益	地点	收益	地点	收益
天津	345	高邑	180	南江	42
宜昌	345	玉山	180	合浦	39
长兴	345	将乐	177	黄冈	39
抚州	339	来宾	177	龙里	39
咸宁	333	昌图	174	南江口	39
恩施	327	衡山	174	榕江	39
潜江	327	德安	171	文登	39
温州	321	廊坊	171	郁南	39
重庆	321	洛阳	171	九台	36
台州	318	定州	168	南头	36
宿州	318	耒阳	168	珠海	36
石家庄	315	滦河	168	北滘	33
温岭	315	绥中	168	德阳	33
成都	312	罗源	165	峨眉山	33
桐乡	309	南靖	165	贺胜桥	33
海宁	306	鄂州	162	横沟桥	33
天门	306	南城	162	红光镇	33
淮南	303	清远	162	乐山	33
滕州	303	建宁县	159	绵阳	33
嘉善	300	开原	159	庙山	33
麻城	300	合川	156	南湖	33
溧水	297	遂宁	156	郫县	33
萍乡	297	瓦屋山	156	普安	33
宜春	297	大连	153	山坡	33
保定	294	德惠	153	汤逊湖	33
松江	294	黄石	153	土地堂	33
株洲	291	惠安	153	乌龙泉	33
苍南	288	辽阳	153	犀浦	33
涪陵	288	韶山	153	阳澄湖	33
信阳	288	营口	153	纸坊	33
金华	285	葵潭	150	中山	33
临海	285	庐山	150	江油	33
驻马店	285	湘潭	150	安亭	30

续上表

地点	收益	地点	收益	地点	收益
利川	282	鞍山	147	碧江	30
郴州	279	兴安	147	常平	30
南宁	279	鲅鱼圈	144	宝华山	27
韶关	279	惠山	144	东升	27
义乌	279	邵阳	144	古镇	27
余杭	279	阳新	144	花桥	27
桂林	276	永泰	144	花山	27
宁德	276	海城	141	华容	27
潍坊	273	句容	141	江门	27
淄博	273	瑞昌	141	南翔	27
滁州	267	新化	141	唐家湾	27
惠州	267	正定	141	仙林	27
揭阳	267	汨罗	138	新晃	27
金山	267	弋阳	138	新会	27
柳州	267	公主岭	135	芷江	27
石柱县	267	华山	135	左岭	27
丰都	264	涿州	135	安德	24
瑞安	264	鲘门	132	广汉	24
汕尾	264	永修	132	花湖	24
普宁	261	章丘	132	离堆公园	24
青州市	261	龙游	129	南朗	24
沧州	255	宾阳	126	彭山	24
新余	255	太原	126	青白江	24
鳌江	252	潼南	126	青莲	24
汉川	252	云霄	123	青神	24
建始	252	军粮城	120	新津	24
衢州	252	扶余	114	迎宾路	24
霞浦	252	共青城	114	钟山	24
漳州	252	鹿寨	114	大冶	24
红安	249	渑池	114	达州	21
上饶	249	辽中	111	龙山镇	21
仙桃	249	明港	111	明珠	21
雁荡山	249	宝鸡	108	蓬安	21

续上表

地点	收益	地点	收益	地点	收益
福鼎	246	吉林	108	随州	21
漯河	246	杨陵	108	土溪	21
全椒	246	北海	105	襄阳	21
饶平	246	灵宝	105	安陆	18
鹰潭	246	双城	105	车墩	18
鹤壁	243	咸阳秦都	105	春申	18
青岛	243	英德	105	都江堰	18
高密	240	盖州	102	谷城	18
诸暨	240	岐山	102	十堰	18
江宁	237	肇庆	102	亭林	18
晋江	237	莱阳	99	新桥	18
秦皇岛	237	三水	99	叶榭	18
三门县	237	烟台	99	营山	18
沈阳	237	即墨	96	枣阳	18
安阳	234	台安	96	青城山	18
赤壁	234	荣成	93	延安	15
江山	234	威海	93	防城港	15
乐清	234	阳泉	93	东莞	12
三明	234	牟平	90	贾鲁河	12
孝感	231	钦州	90	绿博园	12
虎门	228	九江	87	南浦	12
山海关	228	瓦房店	87	彭州	12
泰宁	228	侯马	84	庆盛	12
许昌	228	霍州	84	宋城路	12
潮阳	225	介休	84	岳池	12
宁海	225	晋中	84	运粮河	12
太姥山	225	开封	84	樟木头	12
永嘉	225	临汾	84	广安	12
尤溪	225	商丘	84	龙嘉	9
锦州	222	太谷	84	云梦	9
南丰	222	溆浦	84	武清	6
三门峡	222	运城	84	开阳	6
唐山	222	洪洞	81		

表 3.14 增加 X3 和 Y3 后民航网络收益值

地点	收益	地点	收益	地点	收益
Y1	60	济宁	0	漠河	0
Y2	60	威海	0	庆阳	0
Y3	120	宜宾	0	西昌	0
北京	12	北海	0	锡林浩特	0
上海	12	敦煌	0	延安	0
广州	12	赣州	0	伊宁	0
深圳	12	黄山	0	阿克苏	0
成都	12	连云港	0	林芝	0
西安	12	泸州	0	张家口	0
昆明	12	延吉	0	丹东	0
重庆	12	盐城	0	德宏	0
厦门	12	长治	0	二连浩特	0
天津	12	大理	0	汉中	0
杭州	12	万州	0	黑河	0
大连	12	大同	0	金昌	0
沈阳	12	阜阳	0	通化	0
长沙	12	柳州	0	伊春	0
哈尔滨	12	喀什	0	黎平	0
海口	12	赤峰	0	玉树	0
郑州	12	佳木斯	0	昭通	0
青岛	12	井冈山	0	秦皇岛	0
贵阳	12	九寨	0	梧州	0
乌鲁木齐	12	潍坊	0	百色	0
三亚	12	襄阳	0	锦州	0
武汉	12	舟山	0	额济纳旗	0
南京	12	怀化	0	阿尔山	0
兰州	12	大庆	0	鞍山	0
呼和浩特	12	嘉峪关	0	朝阳	0
福州	12	库尔勒	0	抚远	0
南宁	12	南阳	0	和田	0
银川	12	腾冲	0	克拉玛依	0
太原	12	通辽	0	攀枝花	0
济南	12	铜仁	0	衢州	0

续上表

地点	收益	地点	收益	地点	收益
石家庄	0	武夷山	0	思茅	0
长春	0	兴义	0	永州	0
合肥	0	白山	0	稻城	0
西宁	0	常德	0	邯郸	0
珠海	0	佛山	0	天水	0
温州	0	哈密	0	连城	0
宁波	0	淮安	0	阿拉善右旗	0
桂林	0	景德镇	0	衡阳	0
南昌	0	牡丹江	0	中卫	0
丽江	0	齐齐哈尔	0	昌都	0
泉州	0	乌兰浩特	0	康定	0
烟台	0	安顺	0	保山	0
揭阳	0	迪庆	0	荔波	0
拉萨	0	南充	0	文山	0
包头	0	台州	0	河池	0
绵阳	0	唐山	0	阿里	0
海拉尔	0	梅州	0	夏河	0
无锡	0	安庆	0	张掖	0
运城	0	池州	0	神农架	0
义乌	0	达州	0	格尔木	0
榆林	0	鸡西	0	固原	0
遵义	0	吕梁	0	阿坝	0
徐州	0	黔江	0	日喀则	0
鄂尔多斯	0	乌海	0	临沧	0
西双版纳	0	宜春	0	九江	0
常州	0	六盘水	0	阿勒泰	0
临沂	0	阿拉善左旗	0	博乐	0
南通	0	巴彦淖尔	0	布尔津	0
张家界	0	东营	0	库车	0
扬州	0	恩施	0	那拉提	0
宜昌	0	广元	0	塔城	0
湛江	0	惠州	0	德令哈	0
洛阳	0	加格达奇	0		
毕节	0	满洲里	0		

对此过程进行分析：X1、X2、Y1、Y2 都会向其邻居收益最大者高铁网络中的上海学习，仍然保持合作的策略；高铁网络中的其他成员也会像其邻居收益最大者高铁网络中上海学习，仍然保持合作策略；X3、Y3 会学习其邻居最大收益者高铁网络中的上海，将背叛策略改为合作策略；航空网络中度值较大的节点会学习其邻居中收益最大者 Y3 的背叛策略；其余节点会学习自己邻居中收益值最大的节点，将策略仍保持为背叛。

(4)高铁网络中加入新的成员 X4，与高铁网络中度值较大的前三十个节点连接，与民航网络中度值较大的前三十个节点连接，策略随机抽取为合作；民航网络中加入新成员 Y4，与民航网络度值较大的前三十个节点连接，与高铁网络中度值较大的前三十个节点连接，策略随机抽取为合作。连接后的网络拓扑图如图 3.4 所示(见书末彩插)。

加入新成员后，网络中成员的度值发生了变化，见表 3.15、表 3.16。

表 3.15　增加 X4 和 Y4 后高铁网络度值

地点	度值	地点	度值	地点	度值
X1	60	广州	169	岳阳	154
X2	60	苏州	168	宁波	150
X3	60	无锡	167	曲阜	147
X4	60	徐州	167	福州	145
上海	236	长沙	167	丹阳	143
北京	228	合肥	166	嘉兴	143
南京	216	济南	164	郑州	143
武汉	210	深圳	164	绍兴	141
杭州	197	湖州	158	蚌埠	139
昆山	192	镇江	158	泰安	136
南昌	175	宜兴	157		
常州	169	溧阳	154		

表 3.16　增加 X4 和 Y4 后民航网络度值

地点	度值	地点	度值	地点	度值
Y1	60	厦门	85	三亚	62
Y2	60	天津	83	武汉	62
Y3	60	杭州	81	南京	62
Y4	60	大连	80	兰州	61
北京	156	沈阳	75	呼和浩特	60
上海	143	长沙	73	福州	60
广州	131	哈尔滨	71	南宁	59
深圳	110	海口	69	银川	58
成都	109	郑州	66	太原	57

续上表

地点	度值	地点	度值	地点	度值
西安	107	青岛	66	济南	54
昆明	102	贵阳	66		
重庆	98	乌鲁木齐	64		

求出两个网络每个成员与其所有邻居博弈的总收益，为后面的策略更新提供依据，具体收益见表 3.17、表 3.18。

表 3.17　增加 X4 和 Y4 后高铁网络收益值

地点	收益	地点	收益	地点	收益
X1	60	唐山	222	洪洞	81
X2	60	邢台	222	胶州	81
X3	60	福安	219	普湾	81
X4	60	邯郸	219	闻喜	81
上海	708	西安	219	巩义	78
北京	684	新乡	219	光明城	78
南京	648	永州	219	灵石	78
武汉	630	长春	219	平遥古城	78
杭州	591	福清	216	祁县	78
昆山	576	葫芦岛	216	永济	75
南昌	525	枝江	216	东戴河	72
常州	507	连江	213	滦县	69
广州	507	金寨	210	襄汾	66
苏州	504	绅坊	210	大荔	63
无锡	501	四平	210	戚墅堰	63
徐州	501	盘锦	207	贵港	60
长沙	501	东安	204	贵阳	60
合肥	498	全州	204	桂平	60
济南	492	漳浦	204	角美	60
深圳	492	陆丰	201	莱西	60
湖州	474	水家湖	201	平南	60
镇江	474	铁岭	201	桃村	60
宜兴	471	仙游	201	梧州	60
溧阳	462	北戴河	198	昌乐	57
岳阳	462	定远	198	云浮	57

续上表

地点	收益	地点	收益	地点	收益
宁波	450	涵江	198	大英	54
曲阜	441	怀化	198	恭城	54
福州	435	娄底	198	贺州	54
丹阳	429	祁阳	198	怀集	54
嘉兴	429	渭南	198	三江	54
郑州	429	祁东	195	都匀	51
绍兴	423	诏安	195	葛店	51
蚌埠	417	哈尔滨	192	海阳	51
泰安	384	惠东	192	三都县	51
厦门	378	长寿	192	藤县	51
莆田	372	奉化	189	从江	48
余姚	369	进贤	189	抚顺	48
泉州	366	醴陵	189	巴东	45
枣庄	360	滨海	186	丹徒	45
衡阳	357	龙岩	186	广宁	45
六安	357	永福	186	贵定县	45
上虞	357	庄桥	186	容桂	45
德清	348	肥东	183	顺德	45
德州	345	高安	183	小榄	45
荆州	345	高碑店	183	南充	42
天津	345	高邑	180	南江	42
宜昌	345	玉山	180	合浦	39
长兴	345	将乐	177	黄冈	39
抚州	339	来宾	177	龙里	39
咸宁	333	昌图	174	南江口	39
恩施	327	衡山	174	榕江	39
潜江	327	德安	171	文登	39
温州	321	廊坊	171	郁南	39
重庆	321	洛阳	171	九台	36
台州	318	定州	168	南头	36
宿州	318	耒阳	168	珠海	36
石家庄	315	滦河	168	北滘	33
温岭	315	绥中	168	德阳	33

续上表

地点	收益	地点	收益	地点	收益
成都	312	罗源	165	峨眉山	33
桐乡	309	南靖	165	贺胜桥	33
海宁	306	鄂州	162	横沟桥	33
天门	306	南城	162	红光镇	33
淮南	303	清远	162	乐山	33
滕州	303	建宁县	159	绵阳	33
嘉善	300	开原	159	庙山	33
麻城	300	合川	156	南湖	33
溧水	297	遂宁	156	郫县	33
萍乡	297	瓦屋山	156	普安	33
宜春	297	大连	153	山坡	33
保定	294	德惠	153	汤逊湖	33
松江	294	黄石	153	土地堂	33
株洲	291	惠安	153	乌龙泉	33
苍南	288	辽阳	153	犀浦	33
涪陵	288	韶山	153	阳澄湖	33
信阳	288	营口	153	纸坊	33
金华	285	葵潭	150	中山	33
临海	285	庐山	150	江油	33
驻马店	285	湘潭	150	安亭	30
利川	282	鞍山	147	碧江	30
郴州	279	兴安	147	常平	30
南宁	279	鲅鱼圈	144	宝华山	27
韶关	279	惠山	144	东升	27
义乌	279	邵阳	144	古镇	27
余杭	279	阳新	144	花桥	27
桂林	276	永泰	144	花山	27
宁德	276	海城	141	华容	27
潍坊	273	句容	141	江门	27
淄博	273	瑞昌	141	南翔	27
滁州	267	新化	141	唐家湾	27
惠州	267	正定	141	仙林	27
揭阳	267	汨罗	138	新晃	27

续上表

地点	收益	地点	收益	地点	收益
金山	267	弋阳	138	新会	27
柳州	267	公主岭	135	芷江	27
石柱县	267	华山	135	左岭	27
丰都	264	涿州	135	安德	24
瑞安	264	鲘门	132	广汉	24
汕尾	264	永修	132	花湖	24
普宁	261	章丘	132	离堆公园	24
青州市	261	龙游	129	南朗	24
沧州	255	宾阳	126	彭山	24
新余	255	太原	126	青白江	24
鳌江	252	潼南	126	青莲	24
汉川	252	云霄	123	青神	24
建始	252	军粮城	120	新津	24
衢州	252	扶余	114	迎宾路	24
霞浦	252	共青城	114	钟山	24
漳州	252	鹿寨	114	大冶	24
红安	249	渑池	114	达州	21
上饶	249	辽中	111	龙山镇	21
仙桃	249	明港	111	明珠	21
雁荡山	249	宝鸡	108	蓬安	21
福鼎	246	吉林	108	随州	21
漯河	246	杨陵	108	土溪	21
全椒	246	北海	105	襄阳	21
饶平	246	灵宝	105	安陆	18
鹰潭	246	双城	105	车墩	18
鹤壁	243	咸阳秦都	105	春申	18
青岛	243	英德	105	都江堰	18
高密	240	盖州	102	谷城	18
诸暨	240	岐山	102	十堰	18
江宁	237	肇庆	102	亭林	18
晋江	237	莱阳	99	新桥	18
秦皇岛	237	三水	99	叶榭	18
三门县	237	烟台	99	营山	18

续上表

地点	收益	地点	收益	地点	收益
沈阳	237	即墨	96	枣阳	18
安阳	234	台安	96	青城山	18
赤壁	234	荣成	93	延安	15
江山	234	威海	93	防城港	15
乐清	234	阳泉	93	东莞	12
三明	234	牟平	90	贾鲁河	12
孝感	231	钦州	90	绿博园	12
虎门	228	九江	87	南浦	12
山海关	228	瓦房店	87	彭州	12
泰宁	228	侯马	84	庆盛	12
许昌	228	霍州	84	宋城路	12
潮阳	225	介休	84	岳池	12
宁海	225	晋中	84	运粮河	12
太姥山	225	开封	84	樟木头	12
永嘉	225	临汾	84	广安	12
尤溪	225	商丘	84	龙嘉	9
锦州	222	太谷	84	云梦	9
南丰	222	溆浦	84	武清	6
三门峡	222	运城	84	开阳	6

表 3.18　增加 X4 和 Y4 后民航网络收益值

地点	收益	地点	收益	地点	收益
Y1	60	毕节	0	满洲里	0
Y2	60	济宁	0	漠河	0
Y3	60	威海	0	庆阳	0
Y4	60	宜宾	0	西昌	0
北京	24	北海	0	锡林浩特	0
上海	24	敦煌	0	延安	0
广州	24	赣州	0	伊宁	0
深圳	24	黄山	0	阿克苏	0
成都	24	连云港	0	林芝	0
西安	24	泸州	0	张家口	0
昆明	24	延吉	0	丹东	0

续上表

地点	收益	地点	收益	地点	收益
重庆	24	盐城	0	德宏	0
厦门	24	长治	0	二连浩特	0
天津	24	大理	0	汉中	0
杭州	24	万州	0	黑河	0
大连	24	大同	0	金昌	0
沈阳	24	阜阳	0	通化	0
长沙	24	柳州	0	伊春	0
哈尔滨	24	喀什	0	黎平	0
海口	24	赤峰	0	玉树	0
郑州	24	佳木斯	0	昭通	0
青岛	24	井冈山	0	秦皇岛	0
贵阳	24	九寨	0	梧州	0
乌鲁木齐	24	潍坊	0	百色	0
三亚	24	襄阳	0	锦州	0
武汉	24	舟山	0	额济纳旗	0
南京	24	怀化	0	阿尔山	0
兰州	24	大庆	0	鞍山	0
呼和浩特	24	嘉峪关	0	朝阳	0
福州	24	库尔勒	0	抚远	0
南宁	24	南阳	0	抚远	0
银川	24	腾冲	0	和田	0
太原	24	通辽	0	克拉玛依	0
济南	24	铜仁	0	攀枝花	0
石家庄	0	武夷山	0	衢州	0
长春	0	兴义	0	思茅	0
合肥	0	白山	0	永州	0
西宁	0	常德	0	稻城	0
珠海	0	佛山	0	邯郸	0
温州	0	哈密	0	天水	0
宁波	0	淮安	0	连城	0
桂林	0	景德镇	0	阿拉善右旗	0
南昌	0	牡丹江	0	衡阳	0
丽江	0	齐齐哈尔	0	中卫	0

续上表

地点	收益	地点	收益	地点	收益
泉州	0	乌兰浩特	0	昌都	0
烟台	0	安顺	0	康定	0
揭阳	0	迪庆	0	保山	0
拉萨	0	南充	0	荔波	0
包头	0	台州	0	文山	0
绵阳	0	唐山	0	河池	0
海拉尔	0	梅州	0	阿里	0
无锡	0	安庆	0	夏河	0
运城	0	池州	0	张掖	0
义乌	0	达州	0	神农架	0
榆林	0	鸡西	0	格尔木	0
遵义	0	吕梁	0	固原	0
徐州	0	黔江	0	阿坝	0
鄂尔多斯	0	乌海	0	日喀则	0
西双版纳	0	宜春	0	临沧	0
常州	0	六盘水	0	九江	0
临沂	0	阿拉善左旗	0	阿勒泰	0
南通	0	巴彦淖尔	0	博乐	0
张家界	0	东营	0	布尔津	0
扬州	0	恩施	0	库车	0
宜昌	0	广元	0	那拉提	0
湛江	0	惠州	0	塔城	0
洛阳	0	加格达奇	0	德令哈	0

对此过程进行分析：X1～X4、Y1～Y4 及高铁网络中的节点都会向其邻居收益最大者高铁网络中的收益最大值节点上海学习，仍然保持合作策略；航空网络中的度值较大的三十个节点会向其邻居收益最大者 Y1～Y4 学习，将策略改为合作，而航空网络中其余的点学习其邻居最大收益者仍然保持背叛策略。策略更新后，在整个网络中只有航空网络中度值相对较小的节点保持背叛策略，民航网络中度值较大的节点已经由背叛策略转为合作策略，民航网络的合作水平已经有提高的趋势。

(5)高铁网络中加入新的成员 X5，与高铁网络中度值较大的前三十个节点连接，与民航网络中度值较大的前三十个节点连接，策略随机抽取为背叛；民航网络中加入新成员 Y5 与高铁网络中度值较大的前三十个节点连接，与民航网络中度值较大的前三十个节点连接，策略随机抽取为合作，连接后的网络拓扑图如图 3.5 所示(见书末彩插)。

加入新成员后，网络中成员的度值发生了变化，见表 3.19、表 3.20。

表 3.19　增加 X5 和 Y5 后高铁网络度值

地点	度值	地点	度值	地点	度值
X1	60	常州	171	溧阳	156
X2	60	广州	171	岳阳	156
X3	60	苏州	170	宁波	152
X4	60	无锡	169	曲阜	149
X5	60	徐州	169	福州	147
上海	238	长沙	169	丹阳	145
北京	230	合肥	168	嘉兴	145
南京	218	济南	166	郑州	145
武汉	212	深圳	166	绍兴	143
杭州	199	湖州	160	蚌埠	141
昆山	194	镇江	160	泰安	138
南昌	177	宜兴	159		

表 3.20　增加 X5 和 Y5 后民航网络度值

地点	度值	地点	度值	地点	度值
Y1	60	重庆	100	乌鲁木齐	66
Y2	60	厦门	87	三亚	64
Y3	60	天津	85	武汉	64
Y4	60	杭州	83	南京	64
Y5	60	大连	82	兰州	63
北京	158	沈阳	77	呼和浩特	62
上海	145	长沙	75	福州	62
广州	133	哈尔滨	73	南宁	61
深圳	112	海口	71	银川	60
成都	111	郑州	68	太原	59
西安	109	青岛	68	济南	56
昆明	104	贵阳	68		

求出两个网络每个成员与其所有邻居博弈的总收益，为后面的策略更新提供依据，具体收益见表 3.21、表 3.22。

表 3.21 增加 X5 和 Y5 后高铁网络收益值

地点	收益	地点	收益	地点	收益
X1	180	唐山	222	胶州	81
X2	180	邢台	222	普湾	81
X3	180	福安	219	闻喜	81
X4	180	邯郸	219	巩义	78
X5	180	西安	219	光明城	78
上海	710	新乡	219	灵石	78
北京	686	永州	219	平遥古城	78
南京	650	长春	219	祁县	78
武汉	632	福清	216	永济	75
杭州	593	葫芦岛	216	东戴河	72
昆山	578	枝江	216	滦县	69
南昌	527	连江	213	襄汾	66
常州	509	金寨	210	大荔	63
广州	509	绅坊	210	戚墅堰	63
苏州	506	四平	210	贵港	60
无锡	503	盘锦	207	贵阳	60
徐州	503	东安	204	桂平	60
长沙	503	全州	204	角美	60
合肥	500	漳浦	204	莱西	60
济南	494	陆丰	201	平南	60
深圳	494	水家湖	201	桃村	60
湖州	476	铁岭	201	梧州	60
镇江	476	仙游	201	昌乐	57
宜兴	473	北戴河	198	云浮	57
溧阳	464	定远	198	大英	54
岳阳	464	涵江	198	恭城	54
宁波	452	怀化	198	贺州	54
曲阜	443	娄底	198	怀集	54
福州	437	祁阳	198	三江	54
丹阳	431	渭南	198	都匀	51
嘉兴	431	祁东	195	葛店	51
郑州	431	诏安	195	海阳	51
绍兴	425	哈尔滨	192	三都县	51

续上表

地点	收益	地点	收益	地点	收益
蚌埠	419	惠东	192	藤县	51
泰安	410	长寿	192	从江	48
厦门	378	奉化	189	抚顺	48
莆田	372	进贤	189	巴东	45
余姚	369	醴陵	189	丹徒	45
泉州	366	滨海	186	广宁	45
枣庄	360	龙岩	186	贵定县	45
衡阳	357	永福	186	容桂	45
六安	357	庄桥	186	顺德	45
上虞	357	肥东	183	小榄	45
德清	348	高安	183	南充	42
德州	345	高碑店	183	南江	42
荆州	345	高邑	180	合浦	39
天津	345	玉山	180	黄冈	39
宜昌	345	将乐	177	龙里	39
长兴	345	来宾	177	南江口	39
抚州	339	昌图	174	榕江	39
咸宁	333	衡山	174	文登	39
恩施	327	德安	171	郁南	39
潜江	327	廊坊	171	九台	36
温州	321	洛阳	171	南头	36
重庆	321	定州	168	珠海	36
台州	318	耒阳	168	北滘	33
宿州	318	滦河	168	德阳	33
石家庄	315	绥中	168	峨眉山	33
温岭	315	罗源	165	贺胜桥	33
成都	312	南靖	165	横沟桥	33
桐乡	309	鄂州	162	红光镇	33
海宁	306	南城	162	乐山	33
天门	306	清远	162	绵阳	33
淮南	303	建宁县	159	庙山	33
滕州	303	开原	159	南湖	33
嘉善	300	合川	156	郫县	33

续上表

地点	收益	地点	收益	地点	收益
麻城	300	遂宁	156	普安	33
溧水	297	瓦屋山	156	山坡	33
萍乡	297	大连	153	汤逊湖	33
宜春	297	德惠	153	土地堂	33
保定	294	黄石	153	乌龙泉	33
松江	294	惠安	153	犀浦	33
株洲	291	辽阳	153	阳澄湖	33
苍南	288	韶山	153	纸坊	33
涪陵	288	营口	153	中山	33
信阳	288	葵潭	150	江油	33
金华	285	庐山	150	安亭	30
临海	285	湘潭	150	碧江	30
驻马店	285	鞍山	147	常平	30
利川	282	兴安	147	宝华山	27
郴州	279	鲅鱼圈	144	东升	27
南宁	279	惠山	144	古镇	27
韶关	279	邵阳	144	花桥	27
义乌	279	阳新	144	花山	27
余杭	279	永泰	144	华容	27
桂林	276	海城	141	江门	27
宁德	276	句容	141	南翔	27
潍坊	273	瑞昌	141	唐家湾	27
淄博	273	新化	141	仙林	27
滁州	267	正定	141	新晃	27
惠州	267	汨罗	138	新会	27
揭阳	267	弋阳	138	芷江	27
金山	267	公主岭	135	左岭	27
柳州	267	华山	135	安德	24
石柱县	267	涿州	135	广汉	24
丰都	264	鲘门	132	花湖	24
瑞安	264	永修	132	离堆公园	24
汕尾	264	章丘	132	南朗	24
普宁	261	龙游	129	彭山	24

续上表

地点	收益	地点	收益	地点	收益
青州市	261	宾阳	126	青白江	24
沧州	255	太原	126	青莲	24
新余	255	潼南	126	青神	24
鳌江	252	云霄	123	新津	24
汉川	252	军粮城	120	迎宾路	24
建始	252	扶余	114	钟山	24
衢州	252	共青城	114	大冶	24
霞浦	252	鹿寨	114	达州	21
漳州	252	渑池	114	龙山镇	21
红安	249	辽中	111	明珠	21
上饶	249	明港	111	蓬安	21
仙桃	249	宝鸡	108	随州	21
雁荡山	249	吉林	108	土溪	21
福鼎	246	杨陵	108	襄阳	21
漯河	246	北海	105	安陆	18
全椒	246	灵宝	105	车墩	18
饶平	246	双城	105	春申	18
鹰潭	246	咸阳秦都	105	都江堰	18
鹤壁	243	英德	105	谷城	18
青岛	243	盖州	102	十堰	18
高密	240	岐山	102	亭林	18
诸暨	240	肇庆	102	新桥	18
江宁	237	莱阳	99	叶榭	18
晋江	237	三水	99	营山	18
秦皇岛	237	烟台	99	枣阳	18
三门县	237	即墨	96	青城山	18
沈阳	237	台安	96	延安	15
安阳	234	荣成	93	防城港	15
赤壁	234	威海	93	东莞	12
江山	234	阳泉	93	贾鲁河	12
乐清	234	牟平	90	绿博园	12
三明	234	钦州	90	南浦	12
孝感	231	九江	87	彭州	12

续上表

地点	收益	地点	收益	地点	收益
虎门	228	瓦房店	87	庆盛	12
山海关	228	侯马	84	宋城路	12
泰宁	228	霍州	84	岳池	12
许昌	228	介休	84	运粮河	12
潮阳	225	晋中	84	樟木头	12
宁海	225	开封	84	广安	12
太姥山	225	临汾	84	龙嘉	9
永嘉	225	商丘	84	云梦	9
尤溪	225	太谷	84	武清	6
锦州	222	溆浦	84	开阳	6
南丰	222	运城	84		
三门峡	222	洪洞	81		

表 3.22　增加 X5 和 Y5 后民航网络收益值

地点	收益	地点	收益	地点	收益
Y1	180	洛阳	52	加格达奇	12
Y2	180	毕节	52	满洲里	20
Y3	180	济宁	52	漠河	12
Y4	180	威海	44	庆阳	20
Y5	180	宜宾	52	西昌	20
北京	5	北海	52	锡林浩特	16
上海	8	敦煌	44	延安	20
广州	20	赣州	52	伊宁	20
深圳	41	黄山	52	阿克苏	20
成都	42	连云港	48	林芝	16
西安	44	泸州	44	张家口	20
昆明	49	延吉	52	丹东	16
重庆	53	盐城	48	德宏	16
厦门	66	长治	52	二连浩特	12
天津	68	大理	48	汉中	16
杭州	70	万州	44	黑河	12
大连	71	大同	48	金昌	12

续上表

地点	收益	地点	收益	地点	收益
沈阳	76	阜阳	40	通化	16
长沙	78	柳州	44	伊春	16
哈尔滨	80	喀什	36	黎平	16
海口	82	赤峰	36	玉树	12
郑州	85	佳木斯	32	昭通	16
青岛	85	井冈山	36	秦皇岛	12
贵阳	85	九寨	40	梧州	12
乌鲁木齐	87	潍坊	36	百色	12
三亚	89	襄阳	36	锦州	16
武汉	89	舟山	40	额济纳旗	4
南京	89	怀化	24	阿尔山	8
兰州	90	大庆	32	鞍山	12
呼和浩特	91	嘉峪关	36	朝阳	12
福州	91	库尔勒	28	抚远	8
南宁	92	南阳	36	和田	12
银川	93	腾冲	36	克拉玛依	8
太原	94	通辽	32	攀枝花	12
济南	97	铜仁	28	衢州	12
石家庄	84	武夷山	28	思茅	8
长春	104	兴义	32	永州	12
合肥	96	白山	32	稻城	12
西宁	100	常德	28	邯郸	12
珠海	104	佛山	32	天水	12
温州	112	哈密	20	连城	12
宁波	92	淮安	24	阿拉善右旗	12
桂林	112	景德镇	32	衡阳	8
南昌	112	牡丹江	32	中卫	8
丽江	84	齐齐哈尔	32	昌都	4
泉州	80	乌兰浩特	28	康定	8
烟台	96	安顺	20	保山	8
揭阳	80	迪庆	28	荔波	8
拉萨	72	南充	24	文山	8

续上表

地点	收益	地点	收益	地点	收益
包头	92	台州	28	河池	8
绵阳	92	唐山	28	阿里	0
海拉尔	72	梅州	24	夏河	4
无锡	72	安庆	24	张掖	8
运城	84	池州	24	神农架	8
义乌	68	达州	20	格尔木	8
榆林	76	鸡西	20	固原	4
遵义	72	吕梁	24	阿坝	4
徐州	72	黔江	24	日喀则	4
鄂尔多斯	64	乌海	24	临沧	4
西双版纳	60	宜春	24	九江	4
常州	60	六盘水	24	阿勒泰	4
临沂	60	阿拉善左旗	24	博乐	4
南通	64	巴彦淖尔	12	布尔津	4
张家界	64	东营	20	库车	4
扬州	60	恩施	20	那拉提	4
宜昌	56	广元	20	塔城	4
湛江	60	惠州	20	德令哈	4

对上述过程进行分析：X1～X5、Y1～Y5 以及高铁网络中其他节点都会向其邻居收益最大者高铁网络中的节点上海学习，仍然保持合作策略；Y5 会向其邻居收益最大者高铁网络中节点上海学习，将策略由背叛改为合作策略；航空网络中度值较大的三十个节点，向其邻居收益最大值 Y1～Y5 学习，但 Y5 与 Y1～Y4 的策略不同，但收益相同，此处我们选择仍保持自身的策略合作，不随 Y5 改变自身策略；航空网络中其余节点要向其邻居收益值最大的节点学习。航空网络度值较小的点中，石家庄、长春、合肥、西宁、珠海、温州、宁波、桂林、南昌、丽江、烟台、揭阳、拉萨、包头、绵阳、海拉尔、无锡、运城、义乌、榆林、遵义、徐州、临沂、济宁、威海、宜宾、敦煌、赣州、黄山、延吉、阜阳、柳州、赤峰、井冈山、舟山、通辽、梅州、玉树、百色、思茅、阿拉善右旗、中卫、昌都、阿里、夏河、格尔木、德令哈这些节点所连的邻居中收益最大的为节点度值较小的节点，所以不改变其策略，仍为背叛，其余节点改变其策略，将策略由背叛改为合作。

(6)高铁网络中加入新的成员 X6，与高铁网络中度值较大的前三十个节点连接，与民航网络中度值较大的前三十个节点连接，策略随机抽取为合作；民航网络中加入新成员 Y6，与高铁网络中度值较大的前三十个节点连接，与民航网络中度值较大的前三十个节点连接，策略随机抽取为合作，连接后的网络拓扑图如图 3.6 所示(见书末彩插)。

加入新成员后，网络中成员的度值发生了变化，见表3.23、表3.24。

表3.23 增加X6和Y6后高铁网络度值

地点	度值	地点	度值	地点	度值
X1	60	南昌	179	宜兴	161
X2	60	常州	173	溧阳	158
X3	60	广州	173	岳阳	158
X4	60	苏州	172	宁波	154
X5	60	无锡	171	曲阜	151
X6	238	徐州	171	福州	149
上海	240	长沙	171	丹阳	147
北京	232	合肥	170	嘉兴	147
南京	220	济南	168	郑州	147
武汉	214	深圳	168	绍兴	145
杭州	201	湖州	162	蚌埠	143
昆山	196	镇江	162	泰安	140

表3.24 增加X6和Y6的民航网络度值

地点	度值	地点	度值	地点	度值
Y1	60	昆明	106	贵阳	70
Y2	60	重庆	102	乌鲁木齐	68
Y3	60	厦门	89	三亚	66
Y4	60	天津	87	武汉	66
Y5	60	杭州	85	南京	66
Y6	158	大连	84	兰州	65
北京	160	沈阳	79	呼和浩特	64
上海	147	长沙	77	福州	64
广州	135	哈尔滨	75	南宁	63
深圳	114	海口	73	银川	62
成都	113	郑州	70	太原	61
西安	111	青岛	70	济南	58

求出两个网络每个成员与其所有邻居博弈的总收益，为后面的策略更新提供依据，具体收益见表3.25、表3.26。

表 3.25　增加 X6 和 Y6 后高铁网络收益值

地点	收益	地点	收益	地点	收益
X1	180	三门峡	222	洪洞	81
X2	180	唐山	222	胶州	81
X3	180	邢台	222	普湾	81
X4	180	福安	219	闻喜	81
X5	180	邯郸	219	巩义	78
X6	180	西安	219	光明城	78
上海	738	新乡	219	灵石	78
北京	714	永州	219	平遥古城	78
南京	678	长春	219	祁县	78
武汉	660	福清	216	永济	75
杭州	621	葫芦岛	216	东戴河	72
昆山	606	枝江	216	滦县	69
南昌	555	连江	213	襄汾	66
常州	537	金寨	210	大荔	63
广州	537	绅坊	210	戚墅堰	63
苏州	534	四平	210	贵港	60
无锡	531	盘锦	207	贵阳	60
徐州	531	东安	204	桂平	60
长沙	531	全州	204	角美	60
合肥	528	漳浦	204	莱西	60
济南	522	陆丰	201	平南	60
深圳	522	水家湖	201	桃村	60
湖州	504	铁岭	201	梧州	60
镇江	504	仙游	201	昌乐	57
宜兴	501	北戴河	198	云浮	57
溧阳	492	定远	198	大英	54
岳阳	492	涵江	198	恭城	54
宁波	480	怀化	198	贺州	54
曲阜	471	娄底	198	怀集	54
福州	465	祁阳	198	三江	54
丹阳	459	渭南	198	都匀	51
嘉兴	459	祁东	195	葛店	51
郑州	459	诏安	195	海阳	51

续上表

地点	收益	地点	收益	地点	收益
绍兴	453	哈尔滨	192	三都县	51
蚌埠	447	惠东	192	藤县	51
泰安	438	长寿	192	从江	48
厦门	378	奉化	189	抚顺	48
莆田	372	进贤	189	巴东	45
余姚	369	醴陵	189	丹徒	45
泉州	366	滨海	186	广宁	45
枣庄	360	龙岩	186	贵定县	45
衡阳	357	永福	186	容桂	45
六安	357	庄桥	186	顺德	45
上虞	357	肥东	183	小榄	45
德清	348	高安	183	南充	42
德州	345	高碑店	183	南江	42
荆州	345	高邑	180	合浦	39
天津	345	玉山	180	黄冈	39
宜昌	345	将乐	177	龙里	39
长兴	345	来宾	177	南江口	39
抚州	339	昌图	174	榕江	39
咸宁	333	衡山	174	文登	39
恩施	327	德安	171	郁南	39
潜江	327	廊坊	171	九台	36
温州	321	洛阳	171	南头	36
重庆	321	定州	168	珠海	36
台州	318	耒阳	168	北滘	33
宿州	318	滦河	168	德阳	33
石家庄	315	绥中	168	峨眉山	33
温岭	315	罗源	165	贺胜桥	33
成都	312	南靖	165	横沟桥	33
桐乡	309	鄂州	162	红光镇	33
海宁	306	南城	162	乐山	33
天门	306	清远	162	绵阳	33
淮南	303	建宁县	159	庙山	33
滕州	303	开原	159	南湖	33

续上表

地点	收益	地点	收益	地点	收益
嘉善	300	合川	156	郫县	33
麻城	300	遂宁	156	普安	33
溧水	297	瓦屋山	156	山坡	33
萍乡	297	大连	153	汤逊湖	33
宜春	297	德惠	153	土地堂	33
保定	294	黄石	153	乌龙泉	33
松江	294	惠安	153	犀浦	33
株洲	291	辽阳	153	阳澄湖	33
苍南	288	韶山	153	纸坊	33
涪陵	288	营口	153	中山	33
信阳	288	葵潭	150	江油	33
金华	285	庐山	150	安亭	30
临海	285	湘潭	150	碧江	30
驻马店	285	鞍山	147	常平	30
利川	282	兴安	147	宝华山	27
郴州	279	鲅鱼圈	144	东升	27
南宁	279	惠山	144	古镇	27
韶关	279	邵阳	144	花桥	27
义乌	279	阳新	144	花山	27
余杭	279	永泰	144	华容	27
桂林	276	海城	141	江门	27
宁德	276	句容	141	南翔	27
潍坊	273	瑞昌	141	唐家湾	27
淄博	273	新化	141	仙林	27
滁州	267	正定	141	新晃	27
惠州	267	汨罗	138	新会	27
揭阳	267	弋阳	138	芷江	27
金山	267	公主岭	135	左岭	27
柳州	267	华山	135	安德	24
石柱县	267	涿州	135	广汉	24
丰都	264	鲘门	132	花湖	24
瑞安	264	永修	132	离堆公园	24
汕尾	264	章丘	132	南朗	24

续上表

地点	收益	地点	收益	地点	收益
普宁	261	龙游	129	彭山	24
青州市	261	宾阳	126	青白江	24
沧州	255	太原	126	青莲	24
新余	255	潼南	126	青神	24
鳌江	252	云霄	123	新津	24
汉川	252	军粮城	120	迎宾路	24
建始	252	扶余	114	钟山	24
衢州	252	共青城	114	大冶	24
霞浦	252	鹿寨	114	达州	21
漳州	252	渑池	114	龙山镇	21
红安	249	辽中	111	明珠	21
上饶	249	明港	111	蓬安	21
仙桃	249	宝鸡	108	随州	21
雁荡山	249	吉林	108	土溪	21
福鼎	246	杨陵	108	襄阳	21
漯河	246	北海	105	安陆	18
全椒	246	灵宝	105	车墩	18
饶平	246	双城	105	春申	18
鹰潭	246	咸阳秦都	105	都江堰	18
鹤壁	243	英德	105	谷城	18
青岛	243	盖州	102	十堰	18
高密	240	岐山	102	亭林	18
诸暨	240	肇庆	102	新桥	18
江宁	237	莱阳	99	叶榭	18
晋江	237	三水	99	营山	18
秦皇岛	237	烟台	99	枣阳	18
三门县	237	即墨	96	青城山	18
沈阳	237	台安	96	延安	15
安阳	234	荣成	93	防城港	15
赤壁	234	威海	93	东莞	12
江山	234	阳泉	93	贾鲁河	12
乐清	234	牟平	90	绿博园	12
三明	234	钦州	90	南浦	12

续上表

地点	收益	地点	收益	地点	收益
孝感	231	九江	87	彭州	12
虎门	228	瓦房店	87	庆盛	12
山海关	228	侯马	84	宋城路	12
泰宁	228	霍州	84	岳池	12
许昌	228	介休	84	运粮河	12
潮阳	225	晋中	84	樟木头	12
宁海	225	开封	84	广安	12
太姥山	225	临汾	84	龙嘉	9
永嘉	225	商丘	84	云梦	9
尤溪	225	太谷	84	武清	6
锦州	222	溆浦	84	开阳	6
南丰	222	运城	84		

表 3.26　增加 X6 和 Y6 后民航网络收益值

地点	收益	地点	收益	地点	收益
Y1	180	洛阳	12	满洲里	5
Y2	180	毕节	12	漠河	5
Y3	180	济宁	22	庆阳	5
Y4	180	威海	26	西昌	5
Y5	180	宜宾	24	锡林浩特	5
Y6	180	北海	11	延安	5
北京	124	敦煌	26	伊宁	5
上海	115	赣州	26	阿克苏	5
广州	105	黄山	24	林芝	3
深圳	82	连云港	13	张家口	5
成都	59	泸州	13	丹东	4
西安	79	延吉	24	德宏	4
昆明	80	盐城	13	二连浩特	2
重庆	72	长治	12	汉中	4
厦门	57	大理	10	黑河	2
天津	65	万州	12	金昌	2
杭州	63	大同	11	通化	4
大连	58	阜阳	22	伊春	4

续上表

地点	收益	地点	收益	地点	收益
沈阳	55	柳州	20	黎平	4
长沙	51	喀什	8	玉树	6
哈尔滨	61	赤峰	16	昭通	4
海口	57	佳木斯	10	秦皇岛	2
郑州	50	井冈山	20	梧州	2
青岛	60	九寨	8	百色	6
贵阳	58	潍坊	8	锦州	4
乌鲁木齐	68	襄阳	10	额济纳旗	3
三亚	54	舟山	18	阿尔山	3
武汉	54	怀化	9	鞍山	3
南京	52	大庆	9	朝阳	3
兰州	55	嘉峪关	7	抚远	3
呼和浩特	66	库尔勒	9	和田	3
福州	46	南阳	9	克拉玛依	3
南宁	53	腾冲	7	攀枝花	3
银川	54	通辽	14	衢州	3
太原	53	铜仁	9	思茅	4
济南	58	武夷山	7	永州	3
石家庄	76	兴义	7	稻城	3
长春	66	白山	6	邯郸	3
合肥	64	常德	8	天水	3
西宁	56	佛山	4	连城	3
珠海	60	哈密	8	阿拉善右旗	0
温州	60	淮安	8	衡阳	2
宁波	60	景德镇	8	中卫	4
桂林	56	牡丹江	8	昌都	2
南昌	56	齐齐哈尔	8	康定	2
丽江	54	乌兰浩特	5	保山	2
泉州	18	安顺	7	荔波	2
烟台	52	迪庆	5	文山	2
揭阳	46	南充	7	河池	2
拉萨	42	台州	7	阿里	0
包头	50	唐山	5	夏河	2

续上表

地点	收益	地点	收益	地点	收益
绵阳	48	梅州	12	张掖	2
海拉尔	42	安庆	6	神农架	2
无锡	42	池州	6	格尔木	4
运城	42	达州	6	固原	2
义乌	38	鸡西	6	阿坝	1
榆林	40	吕梁	6	日喀则	1
遵义	38	黔江	6	临沧	1
徐州	38	乌海	6	九江	1
鄂尔多斯	17	宜春	6	阿勒泰	1
西双版纳	17	六盘水	6	博乐	1
常州	15	阿拉善左旗	3	布尔津	1
临沂	30	巴彦淖尔	5	库车	1
南通	15	东营	5	那拉提	1
张家界	15	恩施	5	塔城	1
扬州	15	广元	5	德令哈	2
宜昌	13	惠州	5		
湛江	15	加格达奇	3		

对上述过程进行分析：X1～X6、Y1～Y6 以及高铁网络中其他节点都会向其邻居收益最大者高铁网络中的节点上海学习，仍然保持合作策略；航空网络中在上一时间步中保持背叛策略的节点，会向其邻居收益最大者高铁网络中节点学习，将策略由背叛改为合作策略；航空网络中度值较大的三十个节点，向其邻居收益最大值 Y1～Y6 学习，仍保持自身的策略合作。现在整个网络呈现一种全面合作的状态。

(7)高铁网络中加入新的成员 X7，与高铁网络中度值较大的前三十个节点连接，与民航网络中度值较大的前三十个节点连接，策略随机抽取为背叛；民航网络中加入新成员 Y7，与高铁网络中度值较大的前三十个节点连接，与民航网络中度值较大的前三十个节点连接，策略随机抽取为背叛，连接后的网络拓扑图如图 3.7 所示(见书末彩插)。

加入新成员后，网络中成员的度值发生了变化，见表 3.27、表 3.28。

表 3.27　增加 X7 和 Y7 后高铁网络度值

地点	度值	地点	度值	地点	度值
X1	60	南昌	181	溧阳	160
X2	60	常州	175	岳阳	160
X3	60	广州	175	宁波	156
X4	60	苏州	174	曲阜	153

续上表

地点	度值	地点	度值	地点	度值
X5	60	无锡	173	福州	151
X6	60	徐州	173	丹阳	149
X7	60	长沙	173	嘉兴	149
上海	242	合肥	172	郑州	149
北京	234	济南	170	绍兴	147
南京	222	深圳	170	蚌埠	145
武汉	216	湖州	164	泰安	142
杭州	203	镇江	164		
昆山	198	宜兴	163		

表 3.28 增加 X7 和 Y7 后民航网络度值

地点	度值	地点	度值	地点	度值
Y1	60	昆明	108	乌鲁木齐	70
Y2	60	重庆	104	三亚	68
Y3	60	厦门	91	武汉	68
Y4	60	天津	89	南京	68
Y5	60	杭州	87	兰州	67
Y6	60	大连	86	呼和浩特	66
Y7	60	沈阳	81	福州	66
北京	162	长沙	79	南宁	65
上海	149	哈尔滨	77	银川	64
广州	137	海口	75	太原	63
深圳	116	郑州	72	济南	60
成都	115	青岛	72		
西安	113	贵阳	72		

求出两个网络每个成员与其所有邻居博弈的总收益，为后面的策略更新提供依据，具体收益见表 3.29、表 3.30。

表 3.29 增加 X7 和 Y7 后高铁网络收益值

地点	收益	地点	收益	地点	收益
X1	180	南丰	222	运城	84
X2	180	三门峡	222	洪洞	81
X3	180	唐山	222	胶州	81

续上表

地点	收益	地点	收益	地点	收益
X4	180	邢台	222	普湾	81
X5	180	福安	219	闻喜	81
X6	180	邯郸	219	巩义	78
X7	180	西安	219	光明城	78
上海	760	新乡	219	灵石	78
北京	736	永州	219	平遥古城	78
南京	700	长春	219	祁县	78
武汉	682	福清	216	永济	75
杭州	643	葫芦岛	216	东戴河	72
昆山	628	枝江	216	滦县	69
南昌	577	连江	213	襄汾	66
常州	559	金寨	210	大荔	63
广州	559	绅坊	210	戚墅堰	63
苏州	556	四平	210	贵港	60
无锡	553	盘锦	207	贵阳	60
徐州	553	东安	204	桂平	60
长沙	553	全州	204	角美	60
合肥	550	漳浦	204	莱西	60
济南	544	陆丰	201	平南	60
深圳	544	水家湖	201	桃村	60
湖州	526	铁岭	201	梧州	60
镇江	526	仙游	201	昌乐	57
宜兴	523	北戴河	198	云浮	57
溧阳	514	定远	198	大英	54
岳阳	514	涵江	198	恭城	54
宁波	502	怀化	198	贺州	54
曲阜	493	娄底	198	怀集	54
福州	487	祁阳	198	三江	54
丹阳	481	渭南	198	都匀	51
嘉兴	481	祁东	195	葛店	51
郑州	481	诏安	195	海阳	51
绍兴	475	哈尔滨	192	三都县	51
蚌埠	469	惠东	192	藤县	51

续上表

地点	收益	地点	收益	地点	收益
泰安	460	长寿	192	从江	48
厦门	378	奉化	189	抚顺	48
莆田	372	进贤	189	巴东	45
余姚	369	醴陵	189	丹徒	45
泉州	366	滨海	186	广宁	45
枣庄	360	龙岩	186	贵定县	45
衡阳	357	永福	186	容桂	45
六安	357	庄桥	186	顺德	45
上虞	357	肥东	183	小榄	45
德清	348	高安	183	南充	42
德州	345	高碑店	183	南江	42
荆州	345	高邑	180	合浦	39
天津	345	玉山	180	黄冈	39
宜昌	345	将乐	177	龙里	39
长兴	345	来宾	177	南江口	39
抚州	339	昌图	174	榕江	39
咸宁	333	衡山	174	文登	39
恩施	327	德安	171	郁南	39
潜江	327	廊坊	171	九台	36
温州	321	洛阳	171	南头	36
重庆	321	定州	168	珠海	36
台州	318	耒阳	168	北滘	33
宿州	318	滦河	168	德阳	33
石家庄	315	绥中	168	峨眉山	33
温岭	315	罗源	165	贺胜桥	33
成都	312	南靖	165	横沟桥	33
桐乡	309	鄂州	162	红光镇	33
海宁	306	南城	162	乐山	33
天门	306	清远	162	绵阳	33
淮南	303	建宁县	159	庙山	33
滕州	303	开原	159	南湖	33
嘉善	300	合川	156	郫县	33
麻城	300	遂宁	156	普安	33

续上表

地点	收益	地点	收益	地点	收益
溧水	297	瓦屋山	156	山坡	33
萍乡	297	大连	153	汤逊湖	33
宜春	297	德惠	153	土地堂	33
保定	294	黄石	153	乌龙泉	33
松江	294	惠安	153	犀浦	33
株洲	291	辽阳	153	阳澄湖	33
苍南	288	韶山	153	纸坊	33
涪陵	288	营口	153	中山	33
信阳	288	葵潭	150	江油	33
金华	285	庐山	150	安亭	30
临海	285	湘潭	150	碧江	30
驻马店	285	鞍山	147	常平	30
利川	282	兴安	147	宝华山	27
郴州	279	鲅鱼圈	144	东升	27
南宁	279	惠山	144	古镇	27
韶关	279	邵阳	144	花桥	27
义乌	279	阳新	144	花山	27
余杭	279	永泰	144	华容	27
桂林	276	海城	141	江门	27
宁德	276	句容	141	南翔	27
潍坊	273	瑞昌	141	唐家湾	27
淄博	273	新化	141	仙林	27
滁州	267	正定	141	新晃	27
惠州	267	汨罗	138	新会	27
揭阳	267	弋阳	138	芷江	27
金山	267	公主岭	135	左岭	27
柳州	267	华山	135	安德	24
石柱县	267	涿州	135	广汉	24
丰都	264	鲘门	132	花湖	24
瑞安	264	永修	132	离堆公园	24
汕尾	264	章丘	132	南朗	24
普宁	261	龙游	129	彭山	24
青州市	261	宾阳	126	青白江	24

续上表

地点	收益	地点	收益	地点	收益
沧州	255	太原	126	青莲	24
新余	255	潼南	126	青神	24
鳌江	252	云霄	123	新津	24
汉川	252	军粮城	120	迎宾路	24
建始	252	扶余	114	钟山	24
衢州	252	共青城	114	大冶	24
霞浦	252	鹿寨	114	达州	21
漳州	252	渑池	114	龙山镇	21
红安	249	辽中	111	明珠	21
上饶	249	明港	111	蓬安	21
仙桃	249	宝鸡	108	随州	21
雁荡山	249	吉林	108	土溪	21
福鼎	246	杨陵	108	襄阳	21
漯河	246	北海	105	安陆	18
全椒	246	灵宝	105	车墩	18
饶平	246	双城	105	春申	18
鹰潭	246	咸阳秦都	105	都江堰	18
鹤壁	243	英德	105	谷城	18
青岛	243	盖州	102	十堰	18
高密	240	岐山	102	亭林	18
诸暨	240	肇庆	102	新桥	18
江宁	237	莱阳	99	叶榭	18
晋江	237	三水	99	营山	18
秦皇岛	237	烟台	99	枣阳	18
三门县	237	即墨	96	青城山	18
沈阳	237	台安	96	延安	15
安阳	234	荣成	93	防城港	15
赤壁	234	威海	93	东莞	12
江山	234	阳泉	93	贾鲁河	12
乐清	234	牟平	90	绿博园	12
三明	234	钦州	90	南浦	12
孝感	231	九江	87	彭州	12
虎门	228	瓦房店	87	庆盛	12

续上表

地点	收益	地点	收益	地点	收益
山海关	228	侯马	84	宋城路	12
泰宁	228	霍州	84	岳池	12
许昌	228	介休	84	运粮河	12
潮阳	225	晋中	84	樟木头	12
宁海	225	开封	84	广安	12
太姥山	225	临汾	84	龙嘉	9
永嘉	225	商丘	84	云梦	9
尤溪	225	太谷	84	武清	6
锦州	222	溆浦	84	开阳	6

表 3.30 增加 X7 和 Y7 后民航网络收益值

地点	收益	地点	收益	地点	收益
Y1	180	湛江	15	加格达奇	5
Y2	180	洛阳	14	满洲里	5
Y3	180	毕节	14	漠河	5
Y4	180	济宁	14	庆阳	5
Y5	180	威海	14	西昌	5
Y6	180	宜宾	14	锡林浩特	5
Y7	180	北海	13	延安	5
北京	184	敦煌	13	伊宁	5
上海	171	赣州	13	阿克苏	5
广州	159	黄山	13	林芝	5
深圳	138	连云港	13	张家口	5
成都	137	泸州	13	丹东	4
西安	135	延吉	13	德宏	4
昆明	130	盐城	13	二连浩特	4
重庆	126	长治	12	汉中	4
厦门	113	大理	12	黑河	4
天津	111	万州	12	金昌	4
杭州	109	大同	11	通化	4
大连	108	阜阳	11	伊春	4
沈阳	103	柳州	11	黎平	4
长沙	101	喀什	10	玉树	4

续上表

地点	收益	地点	收益	地点	收益
哈尔滨	99	赤峰	10	昭通	4
海口	97	佳木斯	10	秦皇岛	4
郑州	94	井冈山	10	梧州	4
青岛	94	九寨	10	百色	4
贵阳	94	潍坊	10	锦州	4
乌鲁木齐	92	襄阳	10	额济纳旗	3
三亚	90	舟山	10	阿尔山	3
武汉	90	怀化	9	鞍山	3
南京	90	大庆	9	朝阳	3
兰州	89	嘉峪关	9	抚远	3
呼和浩特	88	库尔勒	9	和田	3
福州	88	南阳	9	克拉玛依	3
南宁	87	腾冲	9	攀枝花	3
银川	86	通辽	9	衢州	3
太原	85	铜仁	9	思茅	3
济南	82	武夷山	9	永州	3
石家庄	45	兴义	9	稻城	3
长春	42	白山	8	邯郸	3
合肥	41	常德	8	天水	3
西宁	40	佛山	8	连城	3
珠海	39	哈密	8	阿拉善右旗	2
温州	37	淮安	8	衡阳	2
宁波	36	景德镇	8	中卫	2
桂林	35	牡丹江	8	昌都	2
南昌	35	齐齐哈尔	8	康定	2
丽江	34	乌兰浩特	7	保山	2
泉州	30	安顺	7	荔波	2
烟台	30	迪庆	7	文山	2
揭阳	28	南充	7	河池	2
拉萨	27	台州	7	阿里	2
包头	27	唐山	7	夏河	2
绵阳	26	梅州	7	张掖	2
海拉尔	24	安庆	6	神农架	2

续上表

地点	收益	地点	收益	地点	收益
无锡	23	池州	6	格尔木	2
运城	22	达州	6	固原	2
义乌	21	鸡西	6	阿坝	1
榆林	21	吕梁	6	日喀则	1
遵义	21	黔江	6	临沧	1
徐州	20	乌海	6	九江	1
鄂尔多斯	19	宜春	6	阿勒泰	1
西双版纳	19	六盘水	6	博乐	1
常州	17	阿拉善左旗	5	布尔津	1
临沂	17	巴彦淖尔	5	库车	1
南通	17	东营	5	那拉提	1
张家界	17	恩施	5	塔城	1
扬州	15	广元	5	德令哈	1
宜昌	15	惠州	5		

对上述过程进行分析：X1～X6、Y1～Y6 以及高铁网络中其他节点都会向其邻居收益最大者高铁网络中的节点上海学习，仍然保持合作策略；X7，Y7 会向其邻居最大受益者高铁网络中的节点上海学习，将策略由背叛改为合作；航空网络的节点，会向其邻居收益最大者高铁网络中节点北京学习，策略将保持为合作策略。现在整个网络呈现一种全面合作的状态。现在航空网络中节点收益值最大的节点为北京，其最大收益值为 184，已经超过 Y7 选择背叛时的收益，之后无论再次加入新的节点时，节点是否选择背叛的策略，都将无法改变网络其他节点的策略。

对比高铁与民航的合作水平，可以得到图 3.8。

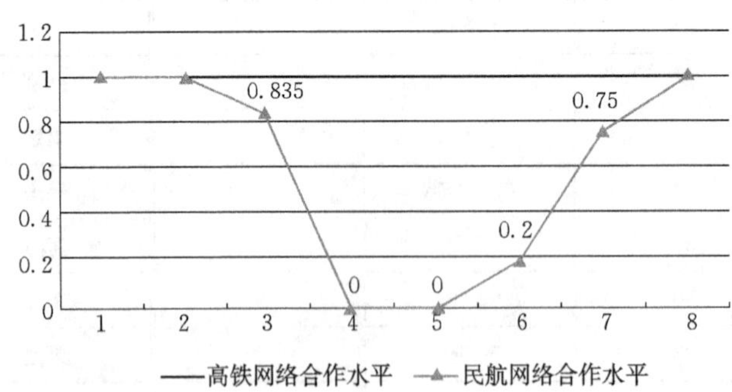

图 3.8　$b1=4$、$b2=2$ 时高铁与民航网络合作水平

从两个网络的合作对比图中我们可以看出，高铁网络在合作水平波没有动，相对稳定，这主要是与民航网络相比较，高铁网络的收益系数比较大，节点的度值较大，受外界的影响小；而民航网络在第 3 个时间步时明显下降，合作水平为 0.835，之后就迅速下降，合作水平

为 0，而后又逐渐上升，仅在我们所演示的时间步中波动非常的大，这主要是因为与高铁网络相比较，民航收益系数比较小。有上述分析可知复杂网络合作水平的大小以及波动程度的大小与收益系数息息相关。

根据我们的分析计算，航空网络的合作水平会随着时间步的增加而增加，最后合作水平也很接近于 1。综合来看，两个网络到最后的合作水平都是很高的，这与我们所选择的策略更新方法有很大的关系。我们为了抵御背叛策略所带来的减少收益的影响，必然会学习合作所带来的较大收益的邻居，使整个网络趋于合作的状态，以获得更大的收益。其次我们选择新加入的节点与本网络及外网络的连接数量保持不变，一直是 30，随着节点的逐渐增加，度值较大的点的收益，会逐渐变大，使得整个网络都不得不向他们学习，来取得更大的收益。

经过所有的分析计算可知，复杂网络的收益水平是与合作水平息息相关的，收益提高了合作水平也逐渐提高了。虽然本文所研究的网络中，民航节点与高铁节点相同，是为了方便计算，实际上在省会城市间，有几个省会并未开通高铁站，例如银川、拉萨等，但在“十三五”规划中，他们将逐渐建成，投入使用，为乘客带来更加便捷的体验。但就现在分析看来，高铁网络的合作水平要想战胜民航网络的合作水平，就必须要有更大的收益系数才可以。

我们按照上述计算过程，$b1$、$b2$ 分别取 1～4，每个数据点来自 30 次计算平均值，得到图 3.9、图 3.10 和图 3.11。

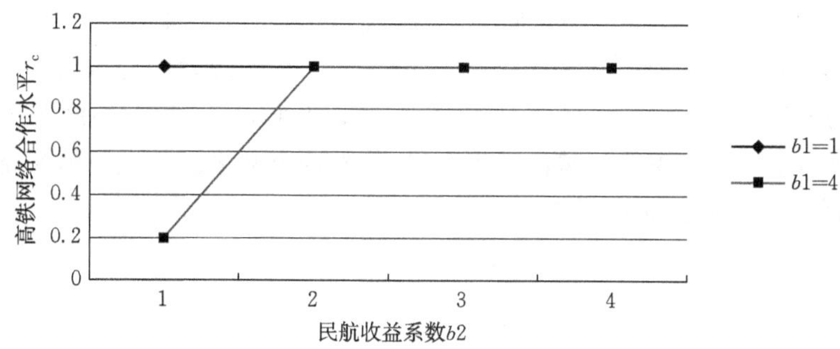

图 3.9　高铁网络合作水平

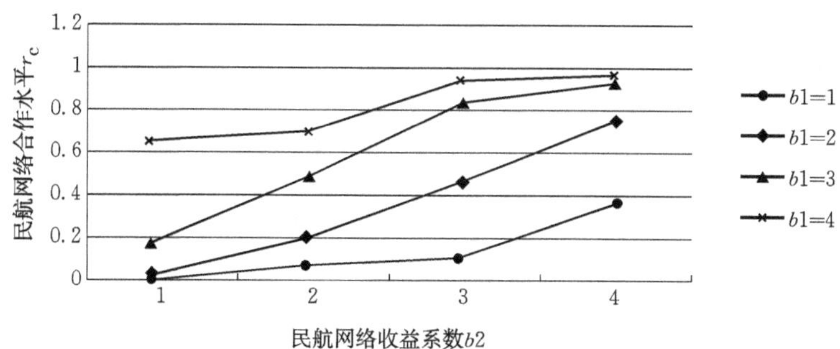

图 3.10　民航网络的合作水平

我们发现，大趋势是随着收益系数的逐渐增加，无论单个网络的合作水平还是双网络的合作水平都在不断地增加。并且，高合作倾向网络中的成员可以帮助低合作倾向的网络中成员提高他们的合作水平，并在合作倾向足够高时，两个网络都可以达到可观的合作水平。随着 $b1$ 的增加，高铁网络的合作水平有所增加，并且高铁与民航网络竞合水平趋于一致。

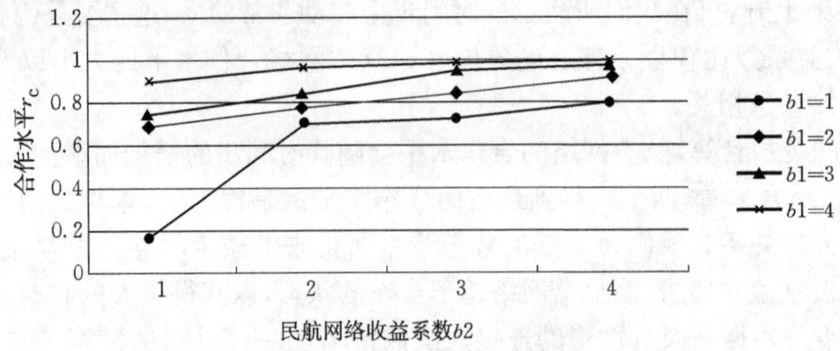

图 3.11　两个网络的合作水平

当收益值较小时，民航网络由于度值较小，所以容易改变自身的策略，受到入侵者的影响，将策略由合作改为背叛，而高铁网络由于自身度值较大，不容易受到外界影响。因为高铁网络的合作水平高于民航网络的合作水平，主要的策略扩散来自于高铁网络向民航网络的合作扩散。这种扩散对高铁网络的影响不大，但是可以极大地提高策略更新过程中民航网络的合作水平。而网络间的合作水平收益扩散则主要是民航网的背叛者对于高铁网络的合作者的剥削。这种扩散则不利于两个网络的合作水平的提高。网络内的收益扩散是指民航网络内部产生与流动以及高铁网络内部收益的产生与流动。这三种效应的相互和竞争，最终体现在策略的更新与合作水平。民航网络中的背叛领袖（领袖指邻居相对很多的成员）和高铁网络中的合作领袖，都在争取追随者；但是高铁网络中的合作领袖的影响力要远远的大于两个网络中的背叛领袖。$b2$ 的增长导致合作，合作逐渐有利可图，极大地削弱了民航网络中的背叛领袖的影响力，使得整个局势偏向于合作，使得两个网络都处在高铁网络的合作领袖的影响下，从而使合作水平趋于一致。

4 高速客运网络节点重要性分析

4.1 高速客运网络节点指标评价体系

4.1.1 节点的度

节点 i 的度定义为该节点的邻接节点的数目。具体表示为

$$k_i = \sum_j a_{ij}$$

式中，j 为节点 i 的所有邻接节点，a_{ij} 为与 i 相连的节点。

节点度值反映出一个节点对于其他节点的直接影响力，数值越大，在网络中越重要。例如在高速客运网络中，一个高速客运站有 50 个站点相连，那么该高速客运站的度为 50。

4.1.2 网络约束系数

网络约束系数是评价该节点对其他节点的依赖程度，网络约束系数越大，约束性越强，成为中心节点可能性越高。节点 i 对节点 j 的约束系数 C_{ij} 为：

$$C_{ij} = \left(P_{ij} + \sum_q P_{iq} P_{qj}\right)^2$$

式中，节点 q 是节点 i 和节点 j 的共同邻接点；P_{ij} 表示节点 j 在节点 i 所有连接节点的比例强度；$\sum_q P_{iq} P_{qj}$ 则表示 i 在 j 上的间接投资。例如，在高速客运网络中，客运站 q 为客运站 i、j 共同连接节点，P_{ij} 为客运站 j 在客运站 i 所有客运站中所占比例。节点 i 的网络约束系数为

$$C_i = \sum_j C_{ij}$$

4.1.3 等级度

等级度描述节点约束性集中程度。等级度越大，则表明在节点域内，约束性集中在该点上。节点 i 的等级度 HI_i 为：

$$\mathrm{HI}_i = \frac{\sum_j \left(\frac{NC_{ij}}{C_i}\right) \ln\left(\frac{NC_{ij}}{C'_i}\right)}{N \ln N}$$

式中，N 表示所有节点数量。

4.1.4 网络规模

网络规模用于描述节点的整体影响力，并且可以在一定程度上衡量节点的重要性。节点 i 的网络规模 ES_i 为：

$$ES_i = \sum_j \left(1 - \sum_q P_{iq} P_{qj}\right)$$

式中，j 表示节点 i 的邻接节点，q 表示节点 i 和节点 j 的共同邻接节点；P_{iq} 和 P_{qj} 表示节点 q 在节点 i 和节点 j 的邻接节点中所占的比例。

4.1.5 效率

效率用来表示节点对网络中其他相关节点的影响程度。节点 i 的效率 EF_i 计算公式为：

$$EF_i = \frac{ES_i}{N}$$

式中，N 为节点数量，若网络为完全连通网络时，其效率为 1；若网络为非连通网络时，其效率为 0。

4.1.6 局部聚类系数

如果 k_i 表示节点 i 的度，$\frac{k(k_i-1)}{2}$ 则表示节点 i 的邻接边可能边的数量。局部聚类系数反映站点邻接节点聚集的倾向，节点 i 的局部聚类系数 T_i 公式为：

$$T_i = \frac{2E_i}{k_i(k_i-1)}$$

式中，E_i 表示节点 i 的邻接边存在的实际边数量。

4.2 评估方法

4.2.1 模型建立

从空间自相关的角度，两个对象距离越靠近，则彼此的依赖越强。利用空间自相关理论，可以认为：相邻于当前节点的节点，对该节点重要性的贡献比较大。已有研究表明，很多复杂系统的某些特性与该节点的度呈正相关。因此，在节点重要度评估过程中邻居节点的指标重要度贡献矩阵与度值呈正相关。

当只考虑节点单一特性（例如度值）对其重要性的影响时，针对任意节点 i，j 为 i 的邻接节点，则节点 i 的重要度评价函数为：

$$I_i = a\delta_i + b\sum_{j\in\pi_i}\delta_j + b^2\sum_{j\in\pi_i^2}\delta_j + \cdots + b^m\sum_{j\in\pi_i^m}\delta_j$$

式中，δ 为评估所考察的节点属性值，可以为节点的度或网络约束系数等；π_i^m 为节点 i 的 m 阶邻接节点 j 的节点集；a，b 为两个可调节参数，分别用于调整节点重要性对节点自身特性及 1 到 m 阶邻居节点的依赖程度，从空间自相关的角度，为充分考虑节点自身及邻居节点的重要度贡献，这里定义 a 和 b 的取值满足$\bar{k}_i b>a>b$ 且 $1>b>0$，其中 $\bar{k}$ 为节点的平均度。该评价函数综合考虑了节点对节点自身及 m 阶邻居节点的重要度贡献，且距离节点 i 越远，对 i 的重要度贡献越小。为了体现 m 阶邻居节点对节点重要性的影响本书将评估的 m 阶邻居节点称作节点重要度评估所考察的邻居节点深度。

一般地，在现实生活中对目标对象重要性进行评估时，通常会综合考虑多方面因素的影响。对于网络节点而言，其重要性并不是完全取决于节点的度，需要同时顾及这些因素，才能对节点的重要性作出准确的评估。因此，假设针对每个节点选取了 n 个评价指标，用$\bar{k}_i$表示节点 i 的第 j 个指标值。这样，可以定义节点 i 的重要度评价模型：

$$I_i=\boldsymbol{A}\boldsymbol{E}_i\boldsymbol{W}$$

式中，I_i 为节点 i 的重要度，$\boldsymbol{A}$ 为评估系数矩阵或重要度贡献矩阵，用于表示节点自身及各阶邻居节点对节点 i 重要性的贡献程度，且这里认为同阶邻居节点对节点 i 具有相等的贡献程度，即其评估系数相等；$\boldsymbol{E}_i$ 为节点 i 的评估指标矩阵，包含节点 i 及各阶邻居节点的指标值；$\boldsymbol{W}$ 为指标权重矩阵，用于表示节点 i 的重要性对各类指标的依赖程度，这里将 n 个评价指标所占权重分别记为 $W_1,W_2,\cdots,W_n$。对于多因子情况，保留单因子评价函数同阶邻居节点对节点 i 重要度贡献的计算方法，即：

$$\delta_{i,j}^m=\sum_{j\in\pi_i^m}\delta_{j,n}^m$$

式中，$\delta_{j,n}^m$ 为节点 i 的 m 阶邻居节点集在第 n 个指标约束下对节点 i 重要度的总贡献量，$\sum\limits_{j\in\pi_i^m}\delta_{j,n}^m$ 为节点 i 的 m 阶邻居节点集中节点 j 的第 n 个指标的值。设节点 i 的 n 个指标值分别为$(\delta_{i1},\delta_{i2},\cdots,\delta_{in})$，故评价指标矩阵 $\boldsymbol{E}_i$ 可表示为

$$E_i=\begin{bmatrix}\delta_{i1}^0 & \delta_{i2}^0 & \cdots & \delta_{in}^0\\ \delta_{i1}^1 & \delta_{i2}^1 & \cdots & \delta_{in}^1\\ \vdots & \vdots & \cdots & \vdots\\ \delta_{i1}^m & \delta_{i2}^m & \cdots & \delta_{in}^m\end{bmatrix}=\begin{bmatrix}\delta^{i1} & \delta^{i2} & \cdots & \delta^{in}\\ \sum\limits_{j\in\pi_i^1}\delta_{j1} & \sum\limits_{j\in\pi_i^1}\delta_{j2} & \cdots & \sum\limits_{j\in\pi_i^1}\delta_{jn}\\ \vdots & \vdots & \cdots & \vdots\\ \sum\limits_{j\in\pi_i^m}\delta_{j1} & \sum\limits_{j\in\pi_i^m}\delta_{j2} & \cdots & \sum\limits_{j\in\pi_i^m}\delta_{jn}\end{bmatrix}$$

由于不同指标的取值范围可能相差很大，例如同一节点的度为几百，而其网络约束系数零点几。各指标的物理意义和计量单位不一定相同，导致数据的量纲和数量级可能不同。所以，需要对评估指标矩阵 E_i 做归一化处理。由上式可知，其中每列元素对应一个指标，总共有 n 个指标。对 $\boldsymbol{E}_i$ 中每一个指标值采用归一化处理后公式：

$$\delta'_{ij}=\frac{\delta_{ij}-\min(\delta_{ij})}{\max(\delta_{ij})-\min(\delta_{ij})}$$

式中，δ'_{ij} 为归一化后的指标值，由 δ'_{ij} 可以计算出归一化评估指标矩阵 E'_i。令 $\boldsymbol{A}=[a,b,b^2,\cdots,b^m]$，$\boldsymbol{W}=[W_1,W_2,\cdots,W_n]^{\mathrm{T}}$，由此网络中任意节点 i 的重要度可以表达为 $\boldsymbol{I}_i=\boldsymbol{A}\boldsymbol{E}'_i\boldsymbol{W}$，即：

$$I_i=[a,b^1,b^2,\ldots,b^m]\times\begin{bmatrix}\delta'^0_{i1} & \delta'^0_{i2} & \cdots & \delta'^0_{in}\\ \delta'^1_{i1} & \delta'^1_{i2} & \cdots & \delta'^1_{in}\\ \vdots & \vdots & \cdots & \vdots\\ \delta'^m_{i1} & \delta'^m_{i2} & \cdots & \delta'^m_{in}\end{bmatrix}\times[W_1,W_2,\ldots,W_n]^{\mathrm{T}}$$

4.2.2 算法流程

综合考虑节点本身及其 m 阶邻居节点在各类指标约束下对节点重要度贡献,可以得到较为精确的评价结果。下面给出节点评估算法流程:

(1)根据网络拓扑结构,提取任意节点 i 的节点集 π_i^m。

(2)计算节点 i 的各阶邻居节点集的相关指标值:$\delta_{i,l}^k=\sum\limits_{j\in\pi_j^k}\delta_{jl}$,确定节点 i 的评估指标矩阵 E_i。

(3)针对 E_i 中每类指标做归一化处理,得到归一化后的评估指标矩阵E'_i。

(4)确定各个指标的理想值 b_j^* $(j=1,2,\cdots,n)$,并求得各指标的加权系数 w_j^* $(j=1,2,\cdots,n)$。

(5)输出各个指标的目标值。

得到节点的目标值后,将所有节点按照目标值从大到小进行排序。根据节点重要度排序结果,可以确定网络中最为重要的节点或节点集。

4.3 高速客运网络节点重要度评估

将网络中的节点按其度值的大小进行排序,可以在一定程度上反映节点的重要性。节点度值越高,该节点就越重要。但仅仅从节点度的大小并不能准确地表达节点在网络中的重要程度。除了自身的度值,一个节点的重要性还跟其在网络中所处位置、与之相连的其他节点的重要性密切相关。例如,一个节点的度值很高,但与之连接的其他节点并不重要,则这节点并不一定很重要;反之,若一个节点度值不是很高,但与之相连的其他节点都非常重要,则该节点很可能是网络中非常重要的节点之一。本文评估策略中引入节点的 m 阶邻居节点作为节点重要性的考察对象,这样既考虑了节点自身的特性,同时也顾及了 m 阶邻居节点对此节点的重要度贡献,相当于利用了节点的度信息和位置信息,可以较为准确地表达节点在网络中的重要性,若只考虑节点的度,评估模型可以表示为

$$I_i=ak'^0_i+bk'^1_i+b^2k'^2{}''_i+\cdots+b^mk'^m_i$$

式中,$k'^0_i,k'^1_i,k'^2_i\cdots k'^m_i$ 为将节点 i 及其 1 到 m 阶邻居节点集的度值归一化后得到的度值信息。由于高速客运网络节点数据较多,因此我们选择一些比较重要的高速客运站进行计算比较。

将高速客运站转换成节点,北京—v1、上海—v2、南京—v3、广州—v4、深圳—v5、厦门—v6、长沙—v7、济南—v8、成都—v9、杭州—v10、武汉—v11、郑州—v12、南昌—v13、合肥—v14、昆山—15,表 4.1 是将节点的单个指标分别计算的结果。

表 4.1 多个指标评价节点重要度节点算法

站点	节点	网络约束系数	等级度	有效规模	效率	局部聚类系数
北京	v1	0.013 3	0.213 2	316.242	0.997 6	0.006 3
上海	v2	0.013 3	0.213 7	312.248 5	0.997 6	0.006 4
南京	v3	0.014 9	0.188 3	223.273 7	0.996 8	0.009
广州	v4	0.015 8	0.259 3	234.350 1	0.997 2	0.008 6
深圳	v5	0.022 5	0.351	222.226 8	0.992 1	0.009
厦门	v6	0.018 5	0.231 4	173.311 5	0.996	0.011 6
长沙	v7	0.015 9	0.206 2	188.340 7	0.996 5	0.010 7
济南	v8	0.017	0.216 8	168.361 8	0.996 2	0.012
成都	v9	0.017 6	0.263 6	176.410 8	0.996 7	0.011 4
杭州	v10	0.014 3	0.188 1	233.283 8	0.996 9	0.008 6
武汉	v11	0.013 3	0.178 1	217.357 7	0.997 1	0.009 2
郑州	v12	0.016 9	0.222 4	166.186 6	0.995 1	0.012 1
南昌	v13	0.014 9	0.223 6	170.476 2	0.996 9	0.011 8
合肥	v14	0.016 7	0.214 3	163.185 7	0.995	0.012 3
昆山	v15	0.016 9	0.214 2	167.365 5	0.996 2	0.012

将各个指标值建立评估矩阵 $\boldsymbol{E}_i$ 如下：

$$\boldsymbol{E}_i=\begin{bmatrix} 317 & 75.4717 & 0.2132 & 316.2420 & 0.9976 & 157.6210 \\ 313 & 75.1315 & 0.2137 & 312.2485 & 0.9976 & 155.6240 \\ 224 & 63.4912 & 0.1883 & 223.2737 & 0.9968 & 116.6750 \\ 235 & 69.7350 & 0.2539 & 234.3501 & 0.9972 & 116.1420 \\ 224 & 67.1592 & 0.3510 & 222.2268 & 0.9921 & 111.1370 \\ 174 & 44.4247 & 0.2314 & 173.3115 & 0.9960 & 110.6135 \\ 189 & 75.0751 & 0.2062 & 188.3407 & 0.9965 & 108.1790 \\ 169 & 62.8536 & 0.2168 & 168.3618 & 0.9962 & 93.6705 \\ 177 & 56.7537 & 0.2636 & 176.4108 & 0.9967 & 87.7055 \\ 234 & 54.0541 & 0.1881 & 233.2838 & 0.9969 & 86.1560 \\ 218 & 67.2948 & 0.1781 & 217.3577 & 0.9971 & 84.7385 \\ 167 & 58.7544 & 0.2224 & 166.1866 & 0.9951 & 83.6810 \\ 171 & 59.3472 & 0.2236 & 170.4762 & 0.9969 & 83.1830 \\ 164 & 59.2417 & 0.2143 & 163.1857 & 0.9950 & 82.5935 \\ 168 & 59.8802 & 0.2142 & 167.3655 & 0.9962 & 81.0930 \end{bmatrix}$$

针对每个指标对 $\boldsymbol{E}_i$ 进行归一化，得

$$
\boldsymbol{E}'_i=\begin{bmatrix}
1 & 1 & 0.2030 & 0.9935 & 1 & 1\\
0.9739 & 0.9890 & 0.2059 & 0.9676 & 1 & 0.9739\\
0.4641 & 0.6141 & 0.4696 & 0.4619 & 0.9273 & 0.4650\\
0.4575 & 0.8152 & 0.0578 & 0.4550 & 0.8727 & 0.4580\\
0.3922 & 0.7323 & 0.0590 & 0.3900 & 0.8545 & 0.3926\\
0.3922 & 0 & 1 & 0.3832 & 0 & 0.3857\\
0.3529 & 0.9872 & 0 & 0.3516 & 0.9091 & 0.3539\\
0.1634 & 0.5936 & 0.1625 & 0.1633 & 0.8000 & 0.1644\\
0.0850 & 0.3971 & 0.4945 & 0.0858 & 0.8309 & 0.0864\\
0.0654 & 0.3102 & 0.3083 & 0.0657 & 0.7091 & 0.0662\\
0.0458 & 0.7366 & 0.2632 & 0.0473 & 0.8727 & 0.0476\\
0.0327 & 0.4615 & 0.2238 & 0.0336 & 0.7455 & 0.0338\\
0.0261 & 0.4806 & 0.2088 & 0.0271 & 0.7455 & 0.0273\\
0.0196 & 0.4772 & 0.2562 & 0.0208 & 0.5455 & 0.0196\\
0 & 0.4978 & 0.2094 & 0 & 0.5273 & 0
\end{bmatrix}
$$

对于矩阵 $\boldsymbol{E}'_i\boldsymbol{B}$，理想点是 $\boldsymbol{b}^*=(1,1,1,1,1,1,1)$。因此该矩阵的指标加权向量 $W^*=(0.0859,0.2242,0.0879,0.0858,0.4300,0.0860)$。计算评价目标值为：$d_i=(0.9294,0.9204,0.681,0.7033,0.6378,0.4536,0.5336,0.4185,0.512,0.6973,0.5757,0.3568,0.4523,0.1877,0.3691)$。

表 4.2 是运用本书算法以及文献[17]、文献[19]、文献[20]所述方法对高速客运网络进行节点重要度评估得到的结果，且 $a=1,b=0.5$。四种方法得到的节点重要度评估结果都不同，原因在于各评估方法的侧重点不同。本书算法评价的基本思想是根据节点的各个指标然后根据层次分析法来评估各个节点的重要性。文献[17]依据的是移除节点后网络生成数目的变化；文献[19]则是根据节点为网络提供最短可用路由的能力来确定关键节点。文献[20]是考察网络上各节点对网络信息传输的贡献进行节点重要性评价且只顾及了节点对其相邻节点的重要度贡献。评估结果显示，运用本书算法可以得出高速客运网络中最重要的节点是 v1。

表 4.2 节点重要度本书算法

节点	本书算法	文献 17	文献 19	文献 20
v1	0.929 4	0.364 6	0.993 6	0.512 8
v2	0.920 4	0.365 2	0.987 3	0.486 5
v3	0.681	0.303 1	0.952	0.431 9
v4	0.703 3	0.314 5	0.975 4	0.465 3
v5	0.637 8	0.323 1	0.961 7	0.440 5
v6	0.453 6	0.253 3	0.886 5	0.354 3
v7	0.533 6	0.278 2	0.912 7	0.365 1
v8	0.418 5	0.235 8	0.834 2	0.304 8

续上表

节点	本书算法	文献 17	文献 19	文献 20
v9	0.512	0.283 6	0.905 2	0.372 4
v10	0.697 3	0.297 6	0.963 2	0.452 1
v11	0.575 7	0.265 4	0.932 1	0.381 2
v12	0.356 8	0.233 1	0.802 4	0.291 6
v13	0.452 3	0.251	0.851 3	0.313 3
v14	0.187 7	0.198 9	0.772 6	0.278 9
v15	0.369 1	0.245 3	0.813 6	0.325 4

按照单个指标以及四种算法进行排序，可以得到表 4.3。从表 4.3 可以看出，本书算法得出的最重要的节点是 v1，与文献[20]不同，但与文献[17]和文献[19]相同。表中网络约束系数、有效规模、效率、局部聚类系数、文献[17]（节点删除法）和文献[19]（最短可用路由能力）得到最重要的节点也是 v1。其中网络约束系数、有效规模、效率和局部聚类系数属于单方面指标计算，具有一定的局限性，评估精度较低，误差较大。节点删除法如果删除了多个节点使网络不连通，那么将不能准确的评估节点重要度。最短可用路由能力虽然能较好的提高评估节点精确度，但计算过程比较复杂，并且在关键性节点方面准确性较差。因此综上所述，本书运用的方法相对于其他算法，综合考虑了节点的全局重要性，并综合了节点各方面指标评估了节点的重要性。

表 4.3　高速客运网络节点重要度排序（降序）结果

评估方法	节点序S列
网络约束系数	v1、v2、v11、v10、v3、v13、v4、v7、v14、v12、v15、v8、v9、v6、v5
等级度	v5、v9、v4、v6、v13、v12、v8、v14、v15、v2、v1、v7、v3、v10、v11
有效规模	v1、v2、v4、v10、v3、v5、v11、v7、v9、v6、v13、v8、v15、v12、v14
效率	v1、v2、v4、v11、v10、v13、v3、v9、v7、v8、v15、v6、v12、v14、v5
局部聚类系数	v1、v2、v11、v10、v3、v13、v4、v7、v12、v14、v15、v8、v9、v6、v5
本书方法	v1、v2、v4、v10、v3、v5、v11、v7、v9、v6、v13、v8、v15、v12、v14
文献[17]	v1、v2、v4、v5、v3、v11、v10、v7、v13、v9、v6、v8、v15、v14、v12
文献[19]	v1、v2、v9、v4、v10、v5、v3、v11、v7、v12、v6、v15、v13、v8、v14
文献[20]	v2、v1、v5、v4、v3、v10、v9、v7、v11、v6、v13、v15、v8、v12、v14

4.4　算法效率分析

分别运用本书算法、文献[17]、文献[19]、文献[20]四种运算方法在 MATLAB 程序中进行运行效率分析，该程序针对不同规模的随机网络进行节点重要度的评估，运行时间如图 4.1所示。从图中可以看出，当节点数目越来越多时，本书算法的斜率越低，时间越少，说明本书方法明显由于其他三种方法。因此本书提出的节点重要度评价方法是可行的，对大型复杂网络可以获得理想的计算能力。

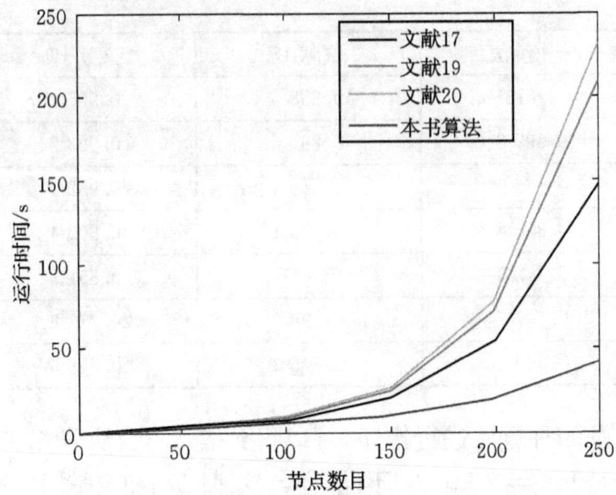

图 4.1 不同节点数目网络中运行时间

5 高速客运网络静态抗毁性分析

5.1 高速客运网络静态攻击方法

复杂网络的抗毁性是指网络结构发生变化时，网络抵抗故障带来影响的能力。在航空网络中，如果某些通航城市受到突发事件影响陷入瘫痪，也就意味着同时取消了与该通航城市相连的所有航线，从而有可能使航空网络中其他通航城市之间部分或全部路径中断，甚至造成网络不再连通。如果在移走部分通航城市后航空网络中绝大部分节点仍是连通的，那么就称该航空网络对这些通航城市的故障具有抗毁性。在高速客运网络中，由于天气、流量控制或其他突发事件而导致高铁或航班延误或是取消等不正常问题时，复合网络的节点或边会发生变化，网络能够维持网络连通的性能即高速客运网络的抗毁性。

分析高速客运网络的抗毁性，一方面有助于借助复杂网络理论更深入的从全局的角度了解高速客运网络的拓扑结构及整体结构特征，探索优化高速客运网络结构的方法和途径；另一方面，更有助于发现高速客运网络中的重要节点并进行有效保护，避免其遭受外界干扰造成延误甚至导致网络瘫痪，保证民航和高铁运输安全高效的运营。

基于复杂网络理论的网络静态抗毁性研究分为两种攻击模式下的网络静态抗毁性分析：一种攻击为蓄意攻击，一种攻击为随机攻击。

5.1.1 蓄意攻击

蓄意攻击也称选择性攻击，指网络节点按一定的策略被破坏，删除节点的策略通常是从网络中度值最大的节点开始，每次都去除网络中度值最大的节点。而对于现实情况来说，网络受到有目的、针对性的攻击(如恐怖袭击、斩首行动等)，出现一些重要节点的破坏而导致其功能丧失或者被移除，这类节点有众多连边，其破坏性影响很大。由于此类攻击是由人为蓄意挑起的、有针对目标的，所以这样情况下属于蓄意攻击。

5.1.2 随机攻击

随机攻击指网络节点以某种概率被随机破坏，删除节点的策略是每次以某种概率随机删除网络中的某些节点。现实情况下，网络中的某些节点受到一些自然灾害(如飓风、地震、海啸、泥石流等)和节点自身原因(如物理上的、化学上的、经营管理方面的等)的影响而被破坏，导致其节点功能丧失或者被移除，而关于这些节点的破坏的原因是无法预测的，每个节点的破坏是随机的、偶然的。在具体的网络中，就相当于节点的移除是随机事件。这种情况下为随机攻击。

学者们对复杂网络抗毁性的测度，至今没有一个统一的标准，有的使用网络平均路径长度，有的使用网络的平均度值，有的使用网络的最大连通子图的相对大小与初始网络规模之比，有的使用网络的平均效率等。网络拓扑结构破坏后，很可能存在孤立的节点，那么此孤立节点与其他节点的最短路径就是无穷大，网络的平均最短路径就会增大，因此用平均最短路径很难衡量其抗毁性的变化；使用平均度值虽说能够反映出网络拓扑结构破坏前后网络的紧密关系，但是对于存在众多孤立节点的情况下，如星形网络中核心节点移除后，对整个网络而言，基本意味着整个网络彻底瘫痪，但是平均度指标影响却不大，因此单一使用此指标来衡量抗毁性效果不佳；网络的最大连通子图的相对大小与初始网络规模之比，能很好地展示网络拓扑结构破坏前后网络的最大连通图的大小变化情况，大部分情况下来衡量网络的抗毁性是比较合理的，但是对于一些特殊情况可能显得不太适当，例如对于一个初始规模为 1 000 的网络来讲，在网络拓扑结构改变后，分成一个包含 500 个节点最大连通子图和一个包含 499 的子图，其网络的最大连通子图的相对大小与初始网络规模之比大约为 0.5，但是其网络的各项性能的影响并不是太大，用网络的最大连通子图的相对大小与初始网络规模之比来衡量其抗毁性有点过高了，显得不适当。另外，有时候即使是网络节点之间彼此完全相互连通也并不一定意味着网络的连通可靠性高，例如对于一个初始规模为 1 000 的网络来讲，在网络拓扑结构改变后，大部分节点要经过至少 50 个以上的节点才能到达其他的节点，那么我们也并不会认为此网络连通性好，这说明网络的连通性还与网络直径有关系。使用网络的全局效率进行分析，能更真实全面地衡量网络的抗毁性，能很好地规避网络拓扑结构改变后孤立节点与整个网络的关系。本书采用全局效率来衡量网络的抗毁性。

5.2 高速客运网静态抗毁性分析

5.2.1 高速客运网络静态可靠性衡量指标

全局效率 E 可以通过节点之间的最短距离来计算，公式为

$$E^{\text{global}}=\frac{\sum_{i=1}^{n}\sum_{j=1}^{n}\frac{1}{d_{ij}}}{N(N-1)} \tag{5.1}$$

式中，N 为网络中总节点数；d_{ij} 为节点 i 与 j 之间的距离，$i,j\in V,i\neq j$。

5.2.2 蓄意攻击下的高速客运网络静态抗毁性分析

对客运网络进行蓄意攻击的流程为：计算高速客运网络全局效率—求出当前网络度最大的节点—删去度最大的节点—计算新的高速客运网络全局效率……以此类推，直到网络的度为零。

为了完成上述流程，我们使用 PAJEK 软件和 R 软件结合，来完成计算和删点：首先我们将高速客运网络导入 PAJEK 软件，计算网络各个节点的度，定位 R 软件。分别将网络和度通过 Tools-R-Send to R-Current Network 以及 Tools-R-Send to R-Current Vector 导入 R 软件内，通过以下代码在高速客运网络里计算全局效率，并计算出度最大的点：

(1)全局效率代码

```
library(sna)
N =（当前网络所存在的节点数目）
GEO. recip<－1/geodist(＊当前导入的网络名称）$ gdist;
GEO. recipNA<－ifelse(GEO. recip = =Inf,NA,GEO. recip);
GlobalEff<－sum(GEO. recipNA,na. rm = TRUE)/(N＊N－1);
GlobalEff
```

(2)求度最大的节点的代码

```
which(＊当前导入的度的名称 = =max(＊当前导入的度的名称))
```

之后通过 Net-Transform-Remove-Selected Vertices，删去度最大的点，再通过上述步骤，计算新的高速客运网络的全局效率。依此重复下去。

通过上述步骤，我们删除了 407 个节点(节点度值参见附录一)，使得网络里所有节点的度为 0(节点攻击顺序见附录二)。我们通过数据画出了蓄意攻击下的网络全局效率变化图 5.1。

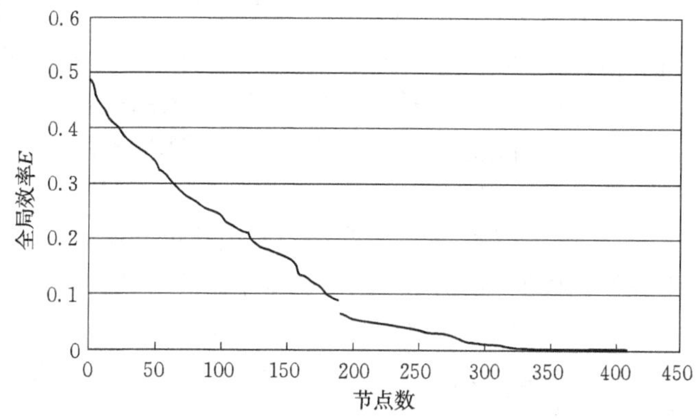

图 5.1　蓄意攻击下的高速客运网络全局效率变化图

5.2.3　随机攻击下的高速客运网络静态抗毁性分析

本书采取的随机攻击与理论下的随机攻击略有不同，我们依次将高铁子网络中较长的骨干网络、民航子网络以及其他节点进行了分别排序，依次删去了京沪线(胶济线)、京广线、京哈(哈大、长吉)线、杭深线、沪昆线、徐兰线(宝鸡到徐州段)和昌九线、大西线和石太线、贵广线、沪昆线(长沙到上海段)，其他民航站，其他剩余节点。每一个线路内的站点，通过 excel rand 函数进行排序。

和蓄意攻击相同的步骤，我们删除了 543 个节点，使得网络里所有节点的度为 0(节点攻击顺序见附录三)。我们通过数据画出了随机攻击下的网络全局效率变化，如图 5.2 所示。

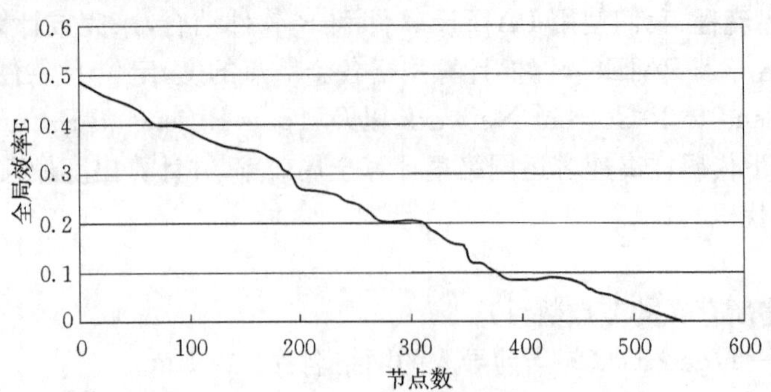

图 5.2 随机攻击下的高速客运网络全局效率变化图

5.3 蓄意攻击与随机攻击下的静态抗毁性比较

5.3.1 蓄意攻击下的高速客运网络可靠性分析

通过对网络进行蓄意攻击仿真过程分析,可以发现网络的全局效率以指数形式下降。网络最初的全局效率为 0.486 141 2,通过对其度最大的点进行攻击,网络在删除了 407 个节点后,节点的度为零。通过图 5.1 可以看出,一开始网络的全局效率变化比较大,后来趋于平稳,且有些节点的全局效率 E 还有略微的增大。同时可以看到,当攻击一定数量的节点后,网络的全局效率 E 会有较大幅度的下降。这些节点分别是成都、西安、咸宁、大连、昆明、乌鲁木齐、海口、呼和浩特、三亚、洛阳。因此,可以认为这些节点为高速客运网络的关键节点。这些节点如果不能正常运营,会对高速客运网络产生较大的影响。

同时以上述节点为分界点,将整个高速客运网络全局效率接近的点分为一组,我们将整个高速客运网络分为 11 个组,其中第一个分组的节点包括北京、上海、广州、杭州、南京、深圳、武汉、长沙。这些节点的度比较大,连接了全国范围内的主要城市,起到了网络的中心枢纽作用,这些节点既有繁忙的民航客运业务,同时也是中国高速铁路网中的枢纽城市。

第二组为成都、南昌、昆山、厦门、合肥、济南、郑州、重庆、天津、福州、无锡、徐州、常州、宁波、苏州。这些城市为高速客运网络的骨干城市,他们同样将中国的高铁网络和民航网络很好的结合起来,起到对中心枢纽的分流和稳定作用。

在蓄意攻击过程进行到攻击第 101 个节点(乌鲁木齐)时,全局效率下降了一半,可以这 101 个节点是高速客运网络中的重要节点。

5.3.2 随机攻击下的高速客运网络可靠性分析

通过对高速客运网络随机攻击仿真过程分析,发现高速客运网络的全局效率减速缓慢,到了后期还出现了上升趋势,但整体全局效率 E 呈直线下降。我们攻击了 543 个节点,使得高速客运网络的全局效率 E 为零。通过计算,得到全局效率 E 减少值大于 0.01 的点,他们分别为北京、武汉、成都、西安、南昌、珠海、呼和浩特、昆明、南充、乌鲁木齐、怀化、仙游。其中北京、武汉、成都、西安、南昌为高铁重要骨干网络的关键节点,他们既是高铁网络和民航网络的关键节点,同时也是民航网络和高铁网络间的连接节点。珠海、呼和浩特、昆明、南昌、乌鲁木齐、怀化在我国高速客运网络还不发达地区，通过民航和高铁网络之间的衔接，尽量使这些高铁网络还未建立起来的地区能够更加通达。怀化则起到了使中国线路密集的中部区域的支线线路互相连接起来的作用。

通过计算我们得到了各个线路或者拥有机场的城市受到攻击以后全局效率 E 减少值的统计数据表（见表 5.1）。

表 5.1　全局效率 E 随高铁线路或民航城市删减而减少的数值表

线路名称	京沪	京广	哈大	杭深	沪汉蓉	徐兰	大西	贵广	民航
全局效率 E 减少值	0.030 423 4	0.057 587 8	0.016 125 7	0.035 190 1	0.049 647	0.027 593 3	0.005 379	0.022 817	0.108 317 28

其中我们可以发现，京广高铁线和沪汉蓉高铁线在高速客运网络中占有重要的位置。

5.3.3　蓄意攻击与随机攻击的比较

为了更加直观地分析蓄意攻击和随机攻击下全局效率的变化，下面用图 5.3 对比两种情况下高速客运网络的可靠性变化程度。

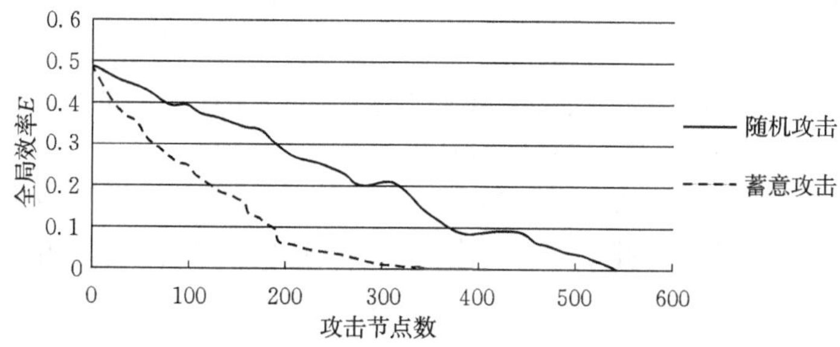

图 5.3　蓄意攻击与随机攻击下的高速客运网络全局效率 E 变化图

从图中可以发现，高速客运网络面对随机攻击时，全局效率下降缓慢，在攻击 500 多个节点后，全局效率降为 0，网络崩溃；面对蓄意攻击时，全局效率下降较快，攻击 400 多个节点时，全局效率降为 0，网络崩溃。可以认为，高速客运网络面对随机攻击的稳定性比面对蓄意攻击的稳定性要强。在现实中，当高速客运网络中的城市受到了类似恐怖袭击等具有目的性的攻击时，网络的抗毁性能比受到台风、地震等不确定节点型的攻击时的抗毁性能差。

5.4　高速客运网络静态抗毁性优化建议

首先，我们通过横向对比，与 2012 年的数据进行对比，我们可以发现 2015 年比 2012 年的高速客运网络，节点数增加了一倍，边数增加了三倍，平均度等指标都有大幅的增加。通过蓄意攻击和随机攻击，2012 年时仅需要蓄意攻击 40 个节点、随机攻击 215 个节点，网络就出现瘫痪状态，而 2015 的高速客运网络却能达到蓄意攻击 400 个节点、随机攻击 550 个左右节点，网络才出现崩溃状态，相比之下网络的抗毁能力有了很大提高。但是，2015 年的高速客运网络全局效率为 0.486 1，2012 年为 0.475 3，高速客运网络的全局效率提高并不明显，网络的可靠性并没有特别增大，网络依旧依靠几个重要枢纽城市进行整个网络的中转。

偏远的地区的高铁延伸度并不够，重要的枢纽城市并不多，即使我们的高速客运网络节点数和边数增加很多，高速客运网络的抗毁性并没有增加太多。

因此基于高速客运网络可靠性计算之后，我们可以提出提高高速客运网络的静态抗毁性的建议：

(1)中国高速客运网络需要加快枢纽城市的建设，使现有的重要的中心枢纽城市的功能分摊至更多的城市，使网络的抗毁性增大，更加可靠。在现实情况下，当中心枢纽城市受到恶劣天气等因素困扰无法进行运输时，较多地承担中转的城市可以减慢网络内的平均路径长度值的增长。

(2)加快高速客运网络的建设。一方面使民航网络向支线地区延伸，更好的覆盖到更多的城市，另一方面加速高铁子网络的建设和完善，使高铁网络连通中西部地区，延伸至我国偏远地区，使不发达地区的枢纽城市发挥更大的功能。现如今的高速客运网在中西部地区仍依靠民航站来维持其与外界之间的联系和中转，高铁网络还未与东部密集的网络线路连接起来，导致如果中西部的某一节点受到攻击，会影响整个地区的中转换乘次数。

(3)加大跨区域运行的车次。使各个铁路局之间能够更加方便快捷的到达，使网络内节点的连接更加紧密，换乘减少，可靠性增加，人们可以有更多选择到达任意一个目的地。如今，跨铁路局车次还相对较少，因此需要开行贯穿更多铁路局的高铁车次来满足人们日益增加的出行愿望。

(4)增加民航子网络末端机场通航城市的数量。如今中国小型的机场基本只能到达其所在省(直辖市、自治区)的省会(首府)，与其他省级单位之间的联系较弱，当这些省会(首府)城市受到了攻击，这些小型机场的连通度就降为零，只能依靠高铁网络来出行，但是往往这些城市的高铁并未建好或者并未与主要高铁子网络连通，影响人们的出行需求，因此增加末端机场的航线十分必要。

6 基于级联失效的高速客运网络动态抗毁性分析

6.1 复杂网络级联失效负载重分配方法

在复杂网络中，常态下网络处于正常运行状态，每条边的负载都小于其额定容量。当网络中某条边遭受攻击被移除或发生失效时，该边上的负载将会向邻接边进行分配，引发网络负载重分配现象。随着对复杂网络级联失效研究的深入，网络在遭受失效时边的负载重分配原则的设定也显得越来越重要。合理的负载重分配方法，是一种有效处理级联失效的应急措施可以使得失效边上的负载自主选择更优的边进行负载的传播，有利于网络上的负载更加快速有效地分配，从而达到减缓或制止失效规模的作用。

6.1.1 均匀分配

均匀分配就是假定网络边在失效之后，边上的负载以相同的比例向其他边进行分配，L_{ij}为节点v_i与节点v_j之间的初始负载。定义一个均匀分配方法$U(L)$：其条件范围是$0<L<1$，表达形式如下：

$$U(L)=\begin{cases}\dfrac{1}{2\langle L\rangle},L\in[0,2\langle L\rangle] & \langle L\rangle\leqslant 0.5\\ \dfrac{1}{2(1-\langle L\rangle)},L\in[2\langle L\rangle-1,1] & \langle L\rangle\geqslant 0.5\end{cases}$$

式中，$\langle L\rangle$为整个网络的平均负载值，由均匀分配方法$U(L)$可知，网络中边的最小初始负载受到非零的平均网络负载值的限制，且$\langle L\rangle\geqslant 0.5$，这也意味着网络中所有边的负载值都要大于这个平均值。

6.1.2 随机分配

在均匀分配方法中，其表达形式说明了网络中负载最小的边负载要大于一个阈值，但是在实际情况中，也会出现负载很小的情况，因此提出了随机分配方法，将负载很小的边也涵盖进去。随机分配方法的表达式为：

$$F(1)=(\langle 1\rangle^{-1}-1)(1-1)^{(\langle 1\rangle^{-1}-2)},1\in[0,1]$$

尽管均匀分配方法和随机分配方法在网络负载值大小方面有区分，但其在本质上还是具有相同的特性。

6.1.3 局部负载重分配原则

为了研究加权特征与级联失效之间的关系，Wang 等人提出局部负载重分配原则（Local Weighted Flow Redistribution Rule，LWFRR），其重分配过程如图 6.1 所示。

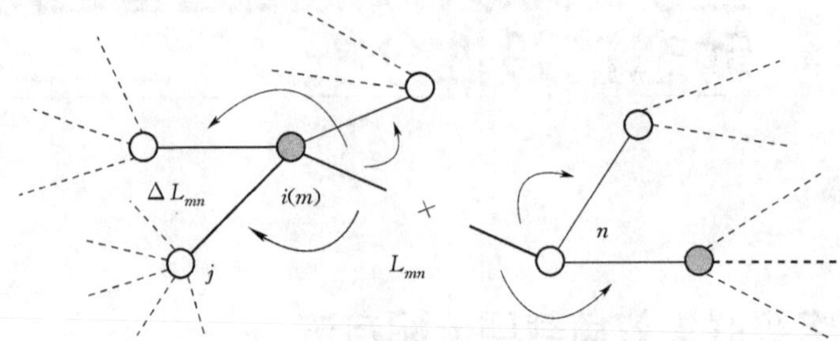

图 6.1 复杂网络负载重分配示意图

当边 e_{mn} 失效时，其邻接边获得的额外负载为：

$$\Delta L_{mn}=L_{mn}\times\frac{L_{ij}}{\sum\limits_{a\in\Gamma m}L_{ma}+\sum\limits_{b\in\Gamma n}L_{nb}}$$

式中，Γ_m 和 Γ_n 分别为点 V_m 和 V_n 的邻接节点集（其中 Γ_m 不包含点 V_n，Γ_n 不包含点 V_m）；L_{mn} 为边 e_{mn} 的初始负载；ΔL_{mn} 为边 e_{ij} 从边 e_{mn} 处获得的额外负载。边容量 C_{ij} 决定了该边所拥有的最大负载。当任意一条边 e_{ij} 的容量 $C_{ij}\geqslant L_{ij}+\Delta L_{mn}$ 时，网络才不会出现级联失效现象。

6.1.4 局部保护策略

在以往的研究中，负载的重分配都是在节点或者边移除的情况下进行的，而在实际的基础设施网络中，比如交通网络中，网络发生失效的现象并不是指某条道路被删除或者封闭，而是当某路段发生拥堵的状况，而这种拥堵状态下道路上的车辆一直都存在。因此在网络整体总成本不变的情况下，学者们提出了局部保护策略。该策略是指当网络中某个节点 v_i 过载时，其近邻域节点将会向过载节点提供保护资源来解决或缓解失效情况，以确保网络能够正常运行。局部保护策略如图 6.2 所示。

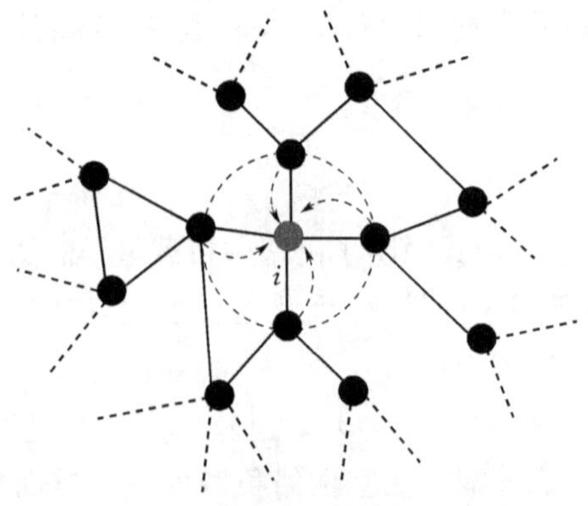

图 6.2 局部保护策略示意图

当节点 v_i 失效时，节点 v_i 从其邻域节点获得额外容量，其表达式为：

$$\Delta C_{i,\Gamma_i}=\sum_{m\in\Gamma_i}p(C_m-L_m)$$

式中，Γ_i 为节点 v_i 的邻接节点集；C_m 是节点 v_m 的初始容量；L_m 是节点 v_m 的初始负载，$p\in[0,1]$为邻域节点所能提供保护的能力。其中，网络节点的负载 L_m 是节点 v_m 的度决定的，$L_m=k_m^{\alpha}$，α 为一个可调的权值参数。网络中节点 v_m 的容量满足关系 $C_m-L_m\geqslant L_m$，这样就确保了节点 v_m 在向节点 v_i 提供资源的同时，其所持有的容量能大于等于初始负载而不至于使得本身失效。在这个方法中，由于是网络中节点之间的容量发生变化，整体网络的容量并没有改变，因此此策略不存在网络成本增加的情况。

上述局部保护策略对于网络脆弱性的提高具有明显的效果，但对已投入使用的实际交通网络而言，由其他路段向拥堵边提供容量的方法并不现实。在某段路程中车辆拥堵时，造成拥堵的车辆可以根据交警指示或者导航信息进行改道运行，从而缓解该路段的拥堵状况。因此本文提出一种新的符合实际情况的局部负载分配策略，当边 e_{mn} 失效，说明边上的容量已超过其额定容量，除去额定容量外，超出的容量向其邻接边进行分配。负载分配如图 6.3 所示。

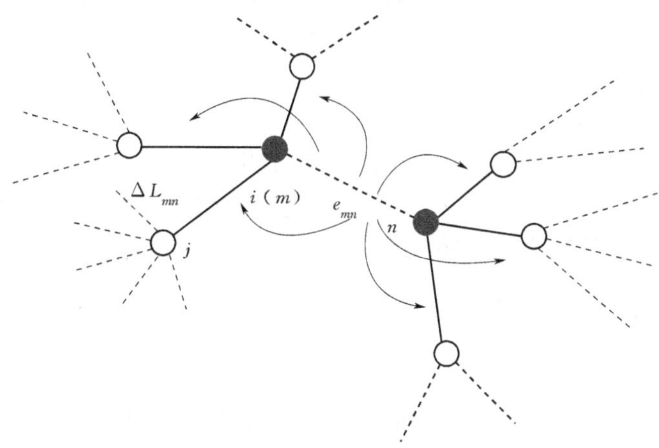

图 6.3　负载重分配示意图

如图 6.3 所示，当边 e_{mn} 失效时，边上大于额定容量的那部分容量将向其邻域边分配，每条边所获得负载值的表达式为：

$$\Delta L_{mn}=\Delta C_{mn}\frac{L_{ij}}{\sum_{a\in\Gamma_m}L_{ma}+\sum_{b\in\Gamma_n}L_{nb}}$$

式中，Γ_m、Γ_n、ΔL_{mn} 的定义与上述局部负载重分配原则中的公式一样；ΔC_{mn} 为使得边 e_{mn}（边 e_{mn} 的额定容量 C_{mn}）失效的那部分负载。

6.2　级联失效模型

网络级联失效模型复杂网络抗毁性研究最早始于 2000 年 Albert 等的工作。他们考察了两种失效模式：随机攻击失效(random attack failure)，即：随机地移除(节点的移除是指去掉网络中的节点和与该节点相连的所有边；边的移除是指去掉网络中的边。）中的节点；蓄意攻击失效（intentional attack failure），即按照节点度从大到小的顺序移除节点。Albert 等人研究发现，在随机攻击失效下，无标度网络相对于随机网络有着更强的抗毁性，但是无标度网络面对故意攻击显得异常脆弱。很多学者都基于这种思想研究了网络静态的结构抗毁性问题。需要特别指出的是，Albert 及 Cohen 等人对网络抗毁性的量化研究都只适用于静态的干扰方式，即节点的移除仅仅存在于拓扑意义上，对其他节点的存在与否没有任何影响。而在考虑网络节点流量的动力学行为时，情况要复杂得多。

与网络上的传播行为有相似性的一种现象是网络上的级联失效（cascading failure）。在很多实际网络中，一个或少数几个节点或边发生的故障会通过节点之间的耦合关系引起其他节点发生故障，这样就会产生连锁效应，最终导致相当一部分节点甚至整个网络崩溃。大规模的级联失效一旦发生，往往具有相当大的破坏力和影响力。例如，2003 年的北美大停电事故，使得千万人一时陷入黑暗，经济损失高达数以百亿美元。在社会与经济网络中也会发生类似的雪崩效应，20 世纪 90 年代末爆发的金融危机也是一个典型的例子。随着人类社会日益网络化，人们对各种关乎国计民生的复杂网络的安全性和可靠性提出了越来越高的要求，也作出了很大的努力，但是大规模的级联失效现象仍然时有发生。就像最近在全球范围内爆发的电脑病毒，多所大学的校园网被黑，电脑上的资料文档被锁需要付费才能解锁、许多需要联网办理业务的窗口被迫停止办理业务等等。因此，有必要对级联失效的发生机理、预防与控制作深入的研究。

网络级联失效是指当网络中的某个节点发生故障的时候，它上面的流量将会转移向其他正常的节点，而这些接受多余负载的节点又可能由于当前的负载总和大于其容量而产生故障。这种相关失效行为称为“级联失效”。

6.2.1 基于解析方法的级联失效模型

（1）CASCADE 模型

该模型假设系统由 n 个元件组成，初始化时随机设定各个元件的负载值，并且假设是相互独立的，各元件的初始负载值服从$[L_{\min}, L_{\max}]$之间的均匀分布。如果某个元件的负载超过 L_{fail}，则说明该元件发生故障，则该元件退出运行，并将其某部分负载，假设为定值 P，转移到其他元件上。在该模型系统中，假设其初始扰动为 D，则按照上述元件失效的规则即可定义一个随机失效过程，并用严格的数学语言描述：假设 $F(r,d,p,n)$ 为 n 个元件组成的 CASCADE 模型，在初始扰动为 d，元件发生故障后其转移负载量为 p 的情况下共有个 r 元件发生故障的概率，并对级联故障进行理论化的解释。

（2）分支动力学模型

分支动力学模型主要考虑了由同质个体组成的系统，其中每个个体按照一定的概率进行传播，其概率是相互独立的，该模型的基础是 CASCADE 模型。考虑到实际电力系统，则其元件个数是有限的，因此将其定义为一个具有饱和特性的广义泊松过程。该模型的数学描述如下：定义 $F(r,m,s,n)$ 为应用广义泊松过程模型的 n 个元件组成的系统在初始扰动平均故障元件数为 m，平均级联故障元件数为 s 的条件下共有 r 个元件故障的概率，并得到了 $F(r,m,s,n)$ 的解析表达。

(3)OPA(Oak Ride-Pserc-Alaska)模型

OPA 模型是在实际电力网络的基础上提出的针对电力网络传输的简化模型，在其模型中主要考虑了节点和线路的负载能力对网络的限制，在其模型中，主要考虑了两类节点，即耗电节点和发电节点。首先定义单个节点 v_i 的输出电量为 P_i，显然当 P_i 大于 0 时，该节点为发电节点，反之，则为耗电节点。假设该节点的发电能力为 $P_{i\max}$，F_{ij} 为节点 v_i 和节点 v_j 之间的线路负载，且其最大负载能力为 $F_{ij\max}$，线路阻抗为 Z_{ij}。假设模型中共有 N 个节点，其中 G 个为发电节点，L 个为耗电节点，且 $G+L=N$，则利用其模型中的最小电力消耗方程如下：

$$C=\sum_{i\in G}P_i(t)-W\sum_{j\in L}P_j(t)$$

其中，W 为消费单价。

可以使用线性规划方法得到其方程的数值解。每次线性规划计算结果中会有一条或者多条链路发生超载，令其以一定的概率断开。则一旦线路的流量下降，即可进行新一轮的线性规划。

研究通过模拟电网中的两种情况节点的负载有限和线路的负载有限。结果显示，在上述两种情况下，网络设计的负载能力都存在一个临界值，当网络的负载能力低于该临界值时，局部的故障可能会通过级联失效引发全局的故障，造成网络崩溃而当网络的负载能力在临界值附近时，可以观察到网络中停电规模的分布服从幂率特性，这种现象和实际情况相符。

(4)二值影响模型

二值影响模型(binary influence)是一般影响模型的特例。Watts 将其应用于随机网络的级联故障分析。在其模型中，首先构造一个包含了 N 个节点的随机网络，其度分布为 $P(K)$，网络的平均度为$\langle k\rangle=z$。网络中每个节点在同一时刻内只能有一种状态：1(故障)或 0(正常)，初始时刻定义所有节点状态为 0，随后其状态的选择受限于其 k 个直接相连的邻居节点的状态。在 $t=0$ 时刻，随机设定部分节点状态为 1(该部分节点数目远小于总节点数)，随后节点的状态由以下规则决定：假设节点的 k 个相邻节点中具有状态 1 的节点数与 k 的比值，等于或者大于该节点的状态切换阈值，则该节点状态变为 1，否则为 0，且节点的状态一旦为 1，则其在整个动态演化过程中保持不变。由此规则可以看出，如果网络中节点的度分布和节点的状态变化阈值分布有一定的关系，则单个节点或者部分节点发生故障后可以产生级联失效。仿真结果表明，在网络内部联系不是很紧密的情况下，级联故障的传播受限于全局连接的情况，而在内部连接很紧密的情况，级联故障的传播受限于节点的稳定性。同时，在第一种情况下，故障规模的分布具有幂率特性，其中度值较高的节点在引起级联故障过程中起了关键的作用。而在第二种情况中，故障规模的分布是双峰的，其中度值为网络平均度值的节点更容易引起级联故障。

(5)沙堆模型

沙堆模型最初是由 Bak 等人提出的。首先假设在一个平面上不停的堆沙子，随着沙堆的变大，其坡面将会越来越陡，此时新添加的沙子引起沙崩的可能性也会越来越大。沙堆崩溃前的状态为自组织临界状态(SOC，Self Organized Criticality)，他们在此基础上提出了用于计算机模拟的沙堆模型。

其中 Bonabeau 在随机图上研究了沙堆模型，他发现发生级联失效时崩溃的规模分布具有幂率特性，且其幂指数大约为 1.5。Lise 和 Paczuski 在随机图上采用了 Olami-Feder-

Christensen 模型,得到崩溃规模幂率分布的的幂指数约为 1.65. Lee 等人假设网络中节点的阈值为 $z_i = k_i^{1-\eta}, 0 \leqslant \eta \leqslant 1$,他们从理论和试验两个方面验证了 BA 网络模型中级联失效动态过程的规模 s 和持续时间的分布 t 都具有幂率特性。

6.2.2 基于仿真方法的级联失效抗毁性研究

(1)纤维束模型

纤维束模型就是将无标度网络作为概念框架对级联失效进行建模。模型中,系统受到外部压力载荷。一些指标的变化表明系统呈现出一种类似于临界点的特性,这个临界点依赖于潜在的网络结构和节点容量的异质性。更为重要的是,其结果表明为了防止无标度网络的崩溃,我们不得不找到满足两个因素的最佳判据在重复故障的情况下系统自身的抗毁性和预知系统接近崩溃的可能性。

(2)Moreno 模型

该模型在实质上和纤维束模型较为相似,但是也有一些重要的不同之处。首先,其演化规则是在边上进行的而不是在顶点上进行的。其次,在某种情况下雪崩现象有一些晶核点,当晶核点总为 1 时,破坏过程总是沿着一个唯一的分枝树(沿着网络的边)进行。这两个模型有两个性质不同的相图:第一个类似于一阶相变,而另外一个显示出二阶相变。而有的模型可获得一个既没有自由流又没有宏观阻塞现象的区域。在这个区域里,线路同时故障的数目服从幂律,这与因特网中数据流包的度量是一致的。

(3)网络过载级联故障模型

Motter 和 Lai 提出了一个关于网络过载级联故障的简单模型。模型表明在一个非均匀载荷分布的网络中,少量的高载荷节点也能够触发网络中全局级联故障。它是基于这样一种假设,即相关量在节点对之间交换且沿着最短路进行传递。假设在时间 t,节点 v_i 的载荷等于它的介数 $b_i(t)$,每个节点的有限载量被定义为该节点能够处理的最大载荷。少部分节点甚至单个节点的去除将使整个网络产生了流的重新分配的动力学过程。事实上,这种去除改变了节点间的最短路径,继而改变了载荷的分配,因此造成某些节点的过载。所有的过载节点被同时从网络中去除,这又再一次导致载荷的重新分配及随后的过载现象。新的过载节点被去除,然后是网络中载荷的重新分配,这样一直到某一时刻 t',所有的剩余节点满足条件 $b_i(t') \leqslant c_i$(c_i 表示节点 v_i 的容量)。同时 Motter 提出了一种有效防护策略,在最初的攻击或者故障发生之后,且在级联故障能够传播之前选择可进一步删除的节点和边。其主要意图是通过故意去除小载荷的节点和具有大量过载的边,使级联故障的规模极大地减少。

(4)混合动态级联失效模型

Crucitti 提出了一种节点和边的混合动态级联失效模型。Kinney 等人用这个模型模拟了北美电力网的级联失效。前面对于过载故障造成级联崩溃的建模方法都以固定网络作为起点。更让人感兴趣的则是随时间演化的网络中的过载故障问题。事实上,随着网络结构的改变,网络的载荷将重新分布,假如这一事实没有被考虑的话,可能触发一个顶点破坏的级联崩溃。Holme 等人提出了在演化网络中顶点或者边的载荷的改变触发故障的模型。该模型的结果表明存在级联故障,而且当网络按照偏好连接而不是随机连接生长时,级联故障更加严重。

同样,在社会、经济和生物系统中也存在大的级联故障。有学者提出了一个生物演化的自组织临界模型(Bak-Sneppen 模型),并在无标度拓扑中研究了该模型,发现该系统在热力学极限内达到一个没有临界障碍的稳定状态。

6.3 高速客运网络动态抗毁性级联失效模型

6.3.1 模型概述

在基于 AHP 算法的网络级联失效模型中,基本的模型仍然基于 Crucitti 的负载—容量模型。与该模型不同的有以下几点:

(1)节点的容忍系数 α

节点的容忍系数表明节点的最大负载量是其初始负载量的 α 倍,是节点能够承载的负载的一个衡量标准。网络中不同的节点,其重要性是不同的,因此,针对所有的节点设置相同的容忍系数是不合理的。节点越重要,其容忍系数应该越高,即其能够承载的最大负载量应该比初始容量高得多,而节点越不重要,其容忍系数越低,其能够承载的最大负载量可以略高于其初始负载量。因此,需要根据节点的重要性,为不同的节点分配不同的容忍系数。

(2)节点最大容量的计算

当节点的容忍系数确定后,各个节点的最大容量即可根据节点最大容量计算方法获得,即节点的最大容量 $C_i=\alpha L_i$,L_i 为初始容量。

(3)节点重要性计算

在 Crucitti 的模型中,节点的重要性仅仅由节点的度决定,但度并不是衡量节点重要性的唯一标准,本书引入了计算节点重要性的三个因素:节点的度数 K、通过节点的最短路径条数 S、通过节点邻居的最短路径数 Ne,并使用 AHP 层次分析法确定了这三种因素在决定节点重要性时的比例,从而计算得到每一个节点的重要性。

6.3.2 模型建立方法

在改进的模型中,首先假设网络中最大的承载量 C_{all} 是有限的,这种假设也是与实际情况相符合的,因为网络的承载力受限于代价而不可能无限的大。然后为每个节点计算其重要性 IMP_i,该重要性根据 AHP 算法可以计算得出,在这种情况下,为不同重要性的节点分配其最大承载能力 C_i,即

$$C_i=L_i(0)+\frac{\text{IMP}_i}{\sum\limits_{j\in N}\text{IMP}_j}\left(C_{\text{all}}-\sum_j L_j(0)\right)$$

节点的容忍系数 α 则为其最大承载能力 C_i 与其初始负载量 $L_i(0)$ 之比,即

$$\alpha_i=\frac{C_i}{L_i(0)}$$

然后,基于 Crucitti 的模型中节点 $L_i(t)$ 的变化规则,即可获得时刻 t 节点的负载。

最终,根据本书定义的模型,即可分析不同类型的失效对无标度网络(BA)和 ER 随机网络效率的影响情况。

6.3 基于级联失效的高速客运网络动态抗毁性仿真分析

在仿真实验中，本书以全国高铁子网络为研究对象，在原有 Crucitti 的资源分配情况下以及本书基于节点重要性的资源分配方法的情况下网络性能的变化来研究本书算法的性能。本书的网络模型中节点个数 N=425、边 M=21079。在仿真实验中，通过观察 E/E_1 的值来研究高铁子网络在受到不同攻击下(蓄意攻击和随机攻击)网络效率的变化情况。其中 E_1 为网络的初始效率，E 为某一时刻网络的效率。

图 6.4 为高铁子网络在随机失效的情况下网络效率的变化图。图中，正方形曲线代表各个节点具有相同的容忍系数(Crucitti 的原始模型)情况下，网络效率比值 E/E_1 随失效节点占总节点数的百分比 p 的变化曲线，菱形曲线代表各个节点具有不同的容忍系数(本书基于 AHP 建立的新模型)情况下，网络效率比值 E/E_1 随失效节点占总节点数的百分比 p 的变化曲线。从图中两条曲线的变化趋势我们可以看出，随着失效节点比例 p 的增加，两种情况下网络的全局效率 E 都在下降，但是下降的快慢有所不同：在同一节点失效比例下，具有不同容忍系数的网络效率远高于具有相同容忍系数情况下的网络效率，并且从整体的下降趋势来看，具有不同容忍系数的情况下网络的全局效率下降的趋势明显变慢。

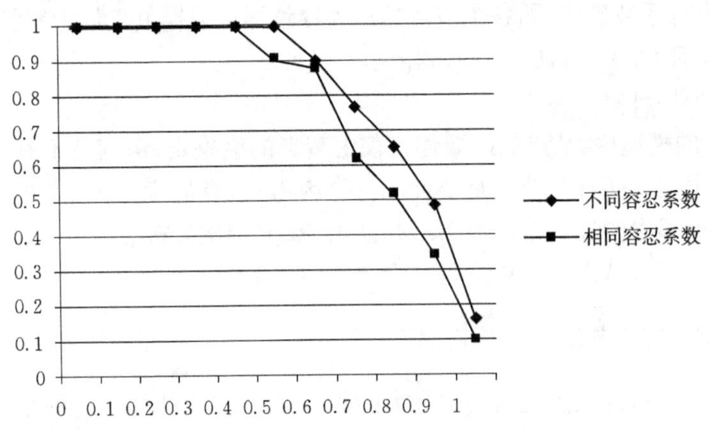

图 6.4 随机失效情况下网络效率变化图

从图中我们可以看到，节点在具有不同容忍系数的情况下，受到随机攻击后网络的全局效率要比具有相同容忍系数情况下网络的全局效率要高。由此可见，为了降低网络中由于随机失效带来的网络效率下降的问题，应针对节点的重要性为其分配不同的容错资源，这样可以提高网络的整体效率。Crucitti 原始模型中分配相同资源的做法不太恰当。

图 6.5 至图 6.8 为不同资源分配方式下高铁子网络在基于不同类型的攻击(蓄意攻击)情况下网络的效率变化图。其中图 6.5 为不同资源分配方式下网络在基于 K(节点的度数)攻击情况下的网络效率变化图，图 6.6 为不同资源分配方式下网络在基于 Ne(通过节点邻居的最短路径数)攻击情况下的网络效率变化图，图 6.7 为不同资源分配方式下网络在基于 S(通过节点的最短路径条数)攻击情况下的网络效率变化图，图 6.8 为不同资源分配方式下网络在基于 IMP(节点重要性)攻击情况下的网络效率变化图。

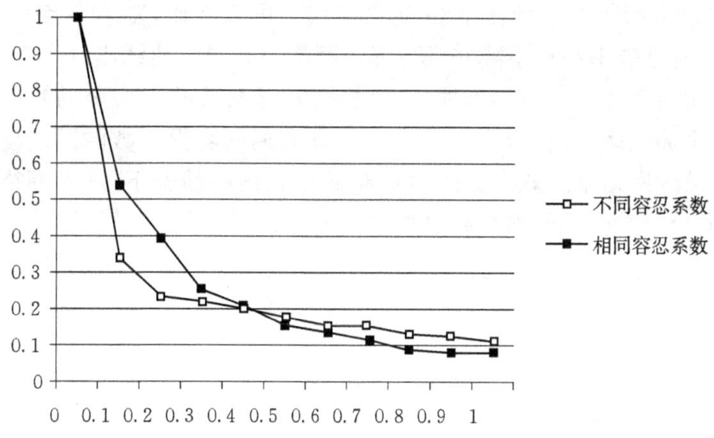

图 6.5　基于 K 攻击情况下的网络效率变化图

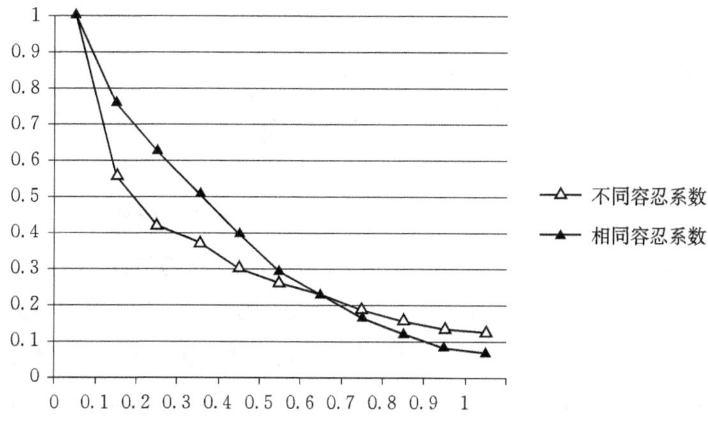

图 6.6　基于 Ne 攻击情况下的网络效率变化图

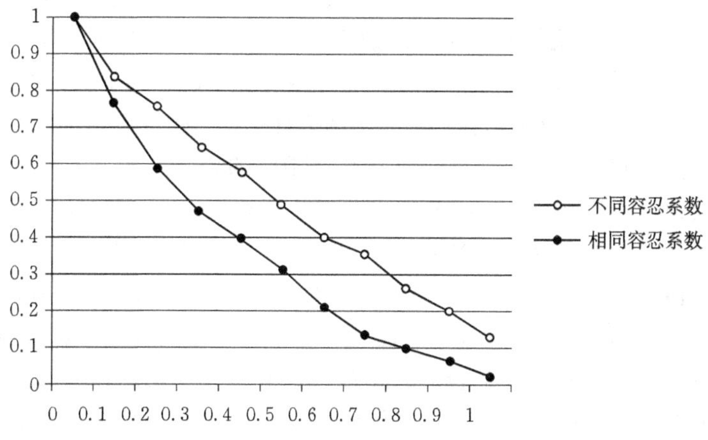

图 6.7　基于 S 攻击情况下的网络效率变化图

在图 6.5 中，空心方块曲线代表各个节点具有不同的容忍系数(Crucitti 的原始模型)情况下，网络效率比值 E/E_1 随失效节点占总节点数的百分比 p 的变化曲线，实心方块曲线代表各个节点具有相同的容忍系数(本书基于 AHP 建立的新模型)情况下，网络效率比值 $E/$

E_1随失效节点占总节点数的百分比 p 的变化曲线。可以看出，随着节点失效比例 p 的增大，两种情况下的网络效率都在下降并且下降速度较快。同时曲线出现了交叉的情况，即在 $p=0.42$ 左右时曲线交叉。$p<0.42$ 时，具有相同容忍系数的网络全局效率要比具有不同容忍系数的网络全局效率要高。当 $p>0.42$ 时，具有相同容忍系数的网络全局效率又低于具有不同容忍系数的网络全局效率。这说明基于 K 攻击的情况下，随着网络节点失效比例的增加，具有不同容忍系数的网络具有更高的抗毁性。

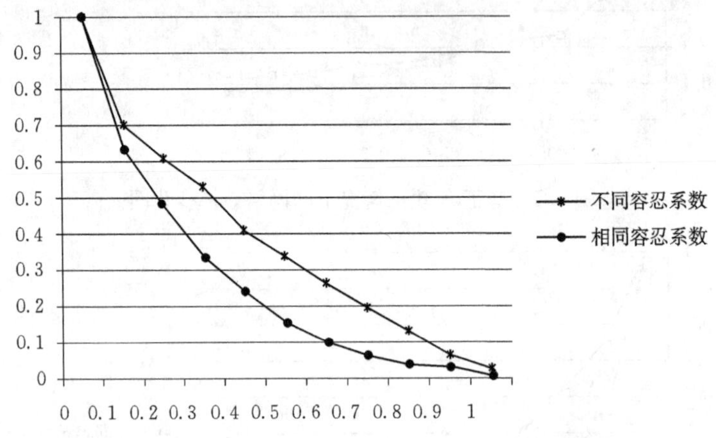

图 6.8　基于 IMP 攻击情况下的网络效率变化图

在图 6.6 中，空心三角曲线代表各个节点具有不同的容忍系数(Crucitti 的原始模型)情况下，网络效率比值 E/E_1随失效节点占总节点数的百分比 p 的变化曲线，实心三角曲线代表各个节点具有相同的容忍系数(本书基于 AHP 建立的新模型)情况下，网络效率比值E/E_1随失效节点占总节点数的百分比 p 的变化曲线。可以看出，随着节点失效比例 p 的增大，两种情况下的网络效率仍在下降，但是下降速度明显低于图 6.5 中两条曲线的下降速度。同时曲线再次出现了交叉的情况，即在 $p=0.61$ 左右时曲线交叉。$p<0.61$ 时，具有相同容忍系数的网络全局效率要比具有不同容忍系数的网络全局效率要高。当 $p>0.61$ 时，具有相同容忍系数的网络全局效率又低于具有不同容忍系数的网络全局效率。这说明基于 Ne 攻击的情况下，随着网络节点失效比例的增加，具有不同容忍系数的网络具有更高的抗毁性。

在图 6.7 中，空心圆点曲线代表各个节点具有不同的容忍系数(Crucitti 的原始模型)情况下，网络效率比值 E/E_1随失效节点占总节点数的百分比 p 的变化曲线，实心圆点曲线代表各个节点具有相同的容忍系数(本书基于 AHP 建立的新模型)情况下，网络效率比值 E/E_1随失效节点占总节点数的百分比 p 的变化曲线。可以看出，随着节点失效比例 p 的增大，两种情况下的网络效率都在下降，并且从一开始具有不同容忍系数的网络全局效率就远远高于具有相同容忍系数的网络全局效率，曲线没有出现交叉。在大约 $p=0.68$ 时，具有不同容忍系数的网络全局效率和具有相同容忍系数的网络全局效率之间的差距最大，之后差距逐渐缩小。

在图 6.8 中，星形曲线代表各个节点具有不同的容忍系数(Crucitti 的原始模型)情况下，网络效率比值 E/E_1随失效节点占总节点数的百分比 p 的变化曲线，实心圆点曲线代表各个节点具有相同的容忍系数(本书基于 AHP 建立的新模型)情况下，网络效率比值 E/E_1

随失效节点占总节点数的百分比 p 的变化曲线。可以看出,随着节点失效比例 p 的增大,两种情况下的网络效率都在下降,并且具有不同容忍系数的网络全局效率远远高于具有相同容忍系数的网络全局效率,具有不同容忍系数的网络全局效率下降明显放缓,该网络的抗毁性明显增加。

由以上四个图可以看出,基于不同容忍系数的网络全局效率要高于具有相同容忍系数的网络全局效率,蓄意攻击情况下为各节点分配不同的容忍系数可以提高网络整体的抗毁性。同时,在基于不同容忍系数的情况下,网络在受到 K 以及 Ne 种类的攻击时,网络的效率与基于相同容忍系数情况下的网络效率不相上下,两种情况下网络均出现了交叉的现象;而在基于 S 以及基于 IMP 的攻击下网络效率有着明显的提高,曲线没有交叉,具有不同容忍系数的网络全局效率远远高于具有相同容忍系数的网络全局效率。而在基于 IMP 的攻击情况下,其效率的提高主要原因在于 S 的性能主导,即节点重要性 IMP 的主要决定因素是 S,而 K 和 Ne 所占比例较小(K 为 0.104 7,Ne 为 0.258 3)。

图 6.9 为具有不同容忍系数的高铁子网络在受到四种蓄意攻击情况下网络全局效率的变化图。实心方块曲线代表基于节点度 K 的攻击类型,实心圆点曲线代表基于节点最短路径数 S 的攻击类型,实心三角曲线代表基于邻居节点最短路径数 Ne 的攻击类型,星形曲线代表基于节点重要性 IMP 的攻击类型。可以看出,实心圆点曲线(S)和星形曲线(IMP)都在实心方块曲线(K)和实心三角曲线(Ne)之上。

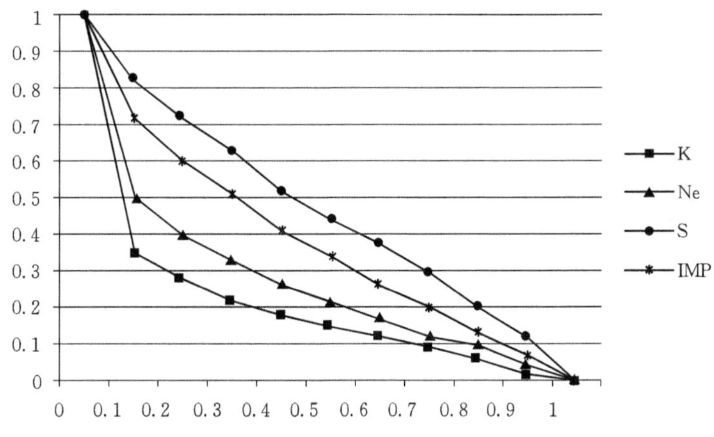

图 6.9 四种蓄意攻击情况下网络全局效率的变化图

由图 6.9 可知,在受到基于节点度 K 和基于邻居节点最短路径数 Ne 的攻击情况下,网络的全局效率要明显低于基于节点最短路径数 S 和基于节点重要性 IMP 的攻击。由于在本书的仿真实验中,K 和 Ne 在决定 IMP 时所占比例较小,因此在基于 IMP 类型的攻击情况下,其效率明显高于基于 K 和 Ne 类型的攻击,说明高铁子网络对于攻击类型具有一定的敏感性。

在基于 AHP 算法的网络失效模型中,由图 6.5 至图 6.9 的仿真结果可以得出以下结论:

(1)为了提高高铁子网络在受到随机攻击下的效率,即提高其抗毁性能,需要为节点分配不同的容忍系数,也就是需要根据节点的重要性为各个节点分配不同的容错能力,从而提高网络整体的抗毁性能。

(2)在蓄意攻击的情况下,网络的效率与资源的分配情况有关,具有不同容忍系数的网络全局效率要高于具有相同容忍系数的网络全局效率。同时蓄意攻击的类型对于全局效率也有影响。在分别基于 K、S、Ne、IMP 的攻击下,网络的全局效率有着明显的差别:基于 K 和基于 Ne 的攻击情况下网络的效率要低于基于 S 和基于 IMP 的攻击类型。

(3)该网络的效率变化首先受到失效节点数量的影响,其次与节点容错资源的分配方式有关,不论是蓄意攻击还是随机攻击,合理安排节点的资源分配可以提高网络的抗毁性能。

7 基于节点重要性熵的高铁网络抗毁性分析

7.1 网络结构熵

7.1.1 网络结构熵的概念

网络节点之间有着复杂的连接关系。1988 年，印第安纳州圣母大学物理学教授巴拉巴斯（A. Barabasi）等人在对万维网拓扑结构进行研究时发现，考察的情况比随机网络所描述的要复杂，即钟形曲线的连接平均数或标度不见了，它所产生的是一条不断递减的曲线，其特征是物理学家们所说的一种“幂法则”，即万维网具有许多个有少量链接的网站、少量具有中等数量链接的网站和为数极少的具有大量链接的网站，万维网的结构被少数链接极多的网站所主宰。A. Barabasi 把具有这种性质的网络称之为无标度网络（scale-free network）。在此基础之上，A. Barabasi 提出了著名的无标度网络模型（BA 模型），后来的研究表明这种性质并非万维网独有，无标度性具有普遍意义。从本质上讲，复杂网络的非标度性就是一种非同质性，是网络涌现出的一种“序”。在无标度网络中存在极少数具有大量连接的“核心节点”（Hub2node）和大量具有少量连接的“末梢节点”，这样的网络是不均匀的，或者是“非同质的”，表现在连接度分布上就是连接度分布曲线是不断递减的，其特征是物理学家们所说的一种“幂法则”，即任何节点恰好与其他 n 个节点相连的概率与 n 成正比。那么我们怎么定量地刻画复杂网络这种非同质性呢？应该来说，非标度网络连接度分布中的参数 K 可以从某种程度上刻画这种非同质性，K 越大，连接度分布曲线下降越快，网络的非同质性越明显。但我们从无标度网络的定义可以看出，K 只是我们对网络连接度分布曲线进行拟合的一个估计参数。

实际上，在现实世界的复杂网络中，连接度分布曲线是一条相当不规则的曲线，可能并不是一条严格递减的曲线，即使是一条递减的曲线，通过拟合得出的曲线参数 K 也是非常不精确的，而且计算复杂。那么我们能否找到一个便于计算的值来刻画这种性质呢？熵最初是作为一个热力学概念而引入的，作为系统无序的度量，熵由于其独特的内涵和渗透力被广泛应用。近来，熵作为描述复杂系统结构的物理量，在复杂系统理论中受到越来越多的关注，成为研究复杂系统的一个重要工具。熵的宏观意义是系统能量分布均匀性的一种量度，可以表示物体所处状态是否稳定及系统变化的方向，能量分布越均匀，熵越大；反之，则熵越小。

7.1.2 网络结构熵研究现状

网络结构熵的概念最初由谭跃进、吴俊提出。他们指出，网络的无标度结构实际上是一种非同质的特性，并利用物理学上用来衡量系统同质性的物理概念“熵”来研究复杂网络的非同质特性。在他们的研究中，节点的连接度从一定意义上决定了节点在网络中的重要程度，因此他们给出了节点重要性的定义如下：

$$I_i = k_i / \sum_{i=1}^{N} k_i$$

式中，I_i 为节点 i 在网络中的重要性；N 为网络中节点的总数目；k_i 为节点 i 的度数，则节点 i 的重要性定义为节点 i 的度数与网络中所有节点度数之和的比值。由于度为 0 的节点在此定义下没有实际意义，从而假设 k_i 大于 0，即每个节点的重要度都大于 0。

由熵的定义可知，熵是系统“无序”的度量。如果网络是随机连接的，各个节点的重要度大致相当，则认为该网络是“无序”的；反之，如果网络是无标度网络，即网络中有少量的关键节点，其度数较大，另外还有很多的末梢节点，其度数较小，节点的重要度存在着差异，则可以定义这种网络是“有序的”。网络结构熵则是根据这一性质来定量度量这种“序”。定义 $E = -\sum_{i=1}^{N} I_i \ln I_i$ 为网络结构熵。

由其定义可知，当网络为均匀网络时，即所有节点的度相同时，可得所有节点的重要性都为 1/N，此时网络结构熵 E 取最大值，则：

$$E_{\max} = -N \times \frac{1}{N} \ln \frac{1}{N} = \ln N$$

另外，当网络为星形网络，即所有节点都与某一个中心节点相连（假设都与第一个节点相连），则 $K_1 = N-1, K_i = 1(1<i<N-1)$，则有 $I_1 = \frac{1}{2}, I_i = \frac{1}{2(N-1)}$，此时网络最不均匀，网络结构熵 E 取最小值，则：

$$E_{\min} = -\sum_{i=2}^{N} \frac{1}{2(N-1)} \ln \frac{1}{2(N-1)} - \frac{1}{2} \ln \frac{1}{2} = \frac{\ln 4(N-1)}{2}$$

另外，为了排除节点数目 N 对网络结构熵 E 的影响，可以 $E_{\min}$ 进行了归一化处理：

$$\overline{E} = \frac{E - E_{\min}}{E_{\max} - E_{\min}} = \frac{-2\sum_{i=1}^{N} I_i \ln I_i - \ln 4(N-1)}{\ln N^2 - \ln 4(N-1)}$$

式中，$\overline{E}$ 为网络的标准结构熵。由此可见，$0 \leqslant \overline{E} \leqslant 1$。

由此可见，网络结构熵是由节点的连接度分布所决定的，网络结构熵可以更加精确和间接的度量网络的非同质特性。吴俊等学者在其研究中，结合了全球贸易网这个实例来比较随机网络和无标度网络的网络结构熵。他们将全球贸易网看做一个复杂网络，其中网络中的节点为各个国家，并将国家之间的进出口关系看做网络中节点之间的连接，最终形成一个具有 179 个节点、7510 条连接边的有向图。最终的研究结果表明，世界贸易网的连接度分布符合幂率法则，是无标度网络。通过将世界贸易网络与相同规模的随机网络的网络结构熵的对比来说明网络结构熵衡量网络无标度特性的合理性。比较结果见表 7.1。

表 7.1 网络结构熵

类型＼网络	世界贸易网		随机网络
	进口网	出口网	
网络结构熵	4.51	4.30	5.02
标准网络结构熵	0.707	0.616	0.927

由此可见，随机网络的网络结构熵要比无标度网络结构熵大，这与网络结构熵的定义是相符合的网络越均匀，其网络结构熵越大，反之，网络结构熵越小，随机网络的节点度分布比较均匀，而世界贸易网络节点度分布符合幂率法则，因此其网络结构熵要小于相同规模下的随机网络。

谭跃进、吴俊所定义的网络结构熵能够较好的刻画复杂网络的无标度特性，并成为研究复杂网络的一种重要工具。但是，仅仅以节点的度最为衡量节点重要性的依据是否合理，本章将在下面的部分中分析在新的节点重要度定义下网络结构熵。

7.2 基于节点介数的网络结构熵的网络抗毁性评估方法

7.2.1 节点介数的定义

节点的度虽然能够在一定程度上反映一个节点的重要性，但是两个度数相同的节点，其重要性在实际网络中可能会差别很大。节点之间流量的传输主要依赖于最短路径，如果某个节点被许多最短路径经过，则说明该节点在网络中很重要。因此为了定量的描述一个节点的重要性，最有效的度量方法应该是该节点的介数(node betweenness)。这一定义最早由 Freeman 在 1977 年提出。节点 i 的介数 B_i 的定义为：

$$B_i = \sum_{j,k \in N} \frac{n_{jk(i)}}{n_{jk}}$$

式中，n_{jk} 表示节点 j、k 之间的最短路径的个数；$n_{jk(i)}$ 表示节点 j、k 之间的最短路径中经过节点 i 的个数。即节点的介数可以被定义为网络中所有最短路径中经过该节点的路径数目占最短路径总数的比例，它反映了节点在整个网络中的作用和影响力，是一个重要的全局几何量。节点的介数节点的度数更能有效的反映单个节点在网络中的重要性。

Freeman 的介数定义在一个连通图中才有效，当网络被分为几个连通分支时，由于图的不连通性，节点的介数的计算可能会由于连通分支的增多，这样整个网络中最短路径条数将减少，并不能反映某个节点被变为孤立节点的情况，为此，本书对节点的介数做了强化的定义，即：

$$B_i = \sum_{i=1}^{N} \frac{2n_{jk(i)}}{N(N+1)}$$

节点的介数应该是通过节点 i 的最短路径条数与网络(作为一个连通图)应该包含的最短路径数的比值。其中，具有 N 个节点的连通图中，节点间最短路径条数为 $N+N(N-1)/2$(包含到其自身的路径)。为了保证熵的可计算性，定义每个节点到其自身有一条最短路径。

使用这种基于节点介数的网络结构熵，可以很明显的判断出网络中孤立节点的存在，并且由于孤立节点的介数很小，能够更明显的表现网络的非均匀特性。

7.2.2 基于节点重要性熵的网络抗毁性评估方法

在基于节点介数重要性熵的网络抗毁性评估方法中，其算法如下：

(1)计算每个节点的介数 B_i。

(2)计算该网络的结构熵，其公式为：

$$E=-\sum_{i=1}^{N}B_i\ln B_i$$

下面对基于节点介数重要性的网络结构熵进行分析。

当网络为均匀网络时，即通过所有节点的最短路径数相同，即经过每个节点的最短路径条数都为 N(包含到其自身的)，则 $B_i=2/N$，则

$$E_{\max}=-\sum_{i=1}^{N}\frac{2}{N}\ln\frac{2}{N}=-2\ln\frac{2}{N}$$

此时，网络结构熵取最大值。

当网络为一个星形网络时，该网络最不均匀，为方便起见，假设所有节点都与第一个节点相连，则

$$B_i=\begin{cases}2/N,i=1\\2/N^2,2\leqslant i\leqslant N\end{cases}$$

由此计算出网络的熵为

$$E_{\min}=-\left(\frac{2}{N}\ln\frac{2}{N}+\frac{2(N-1)}{N^2}\ln\frac{2}{N^2}\right)$$

7.3 高铁网络抗毁性仿真分析

本部分研究大规模网络即全国高铁子网络大环境下节点随机失效以及受到故意攻击情况下，网络结构熵随节点失效比例的变化情况。仿真环境为 matlab6.5，网络节点为 425 个，21079 条边(包含独立线路)，节点度分布符合幂率分布。

图 7.1 至图 7.4 是大规模环境下网络结构熵变化仿真结果图。

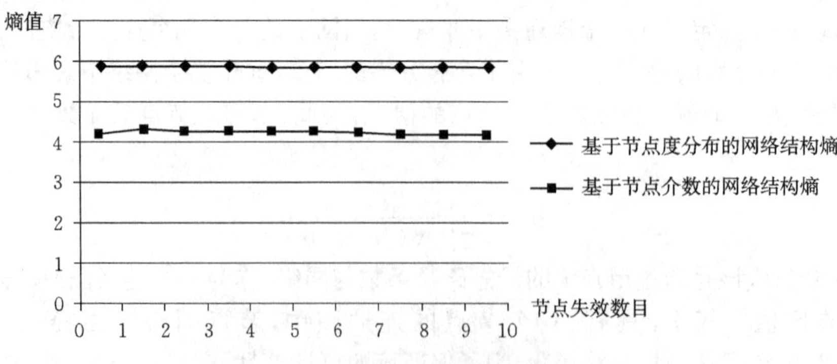

图 7.1 故意攻击下网络结构熵变化曲线

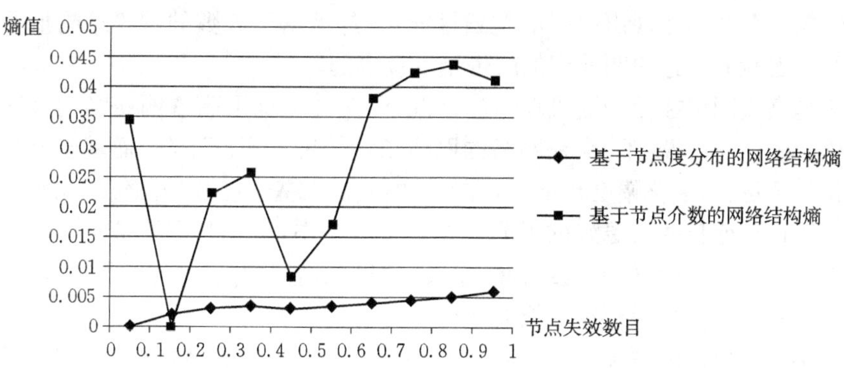

图 7.2　故意攻击下网络结构熵相对于初始网络结构熵变化曲线

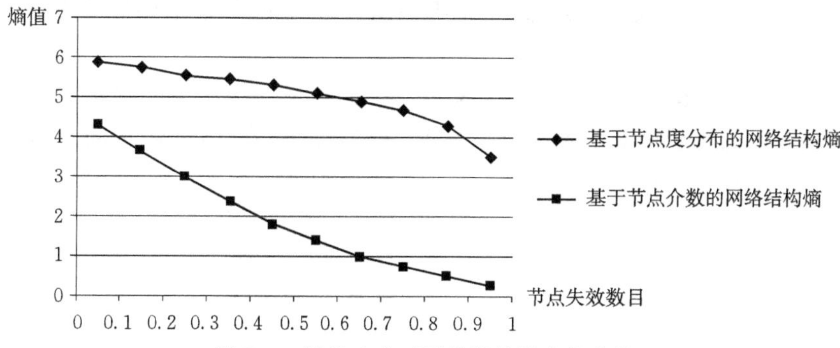

图 7.3　随机攻击下网络结构熵变化曲线

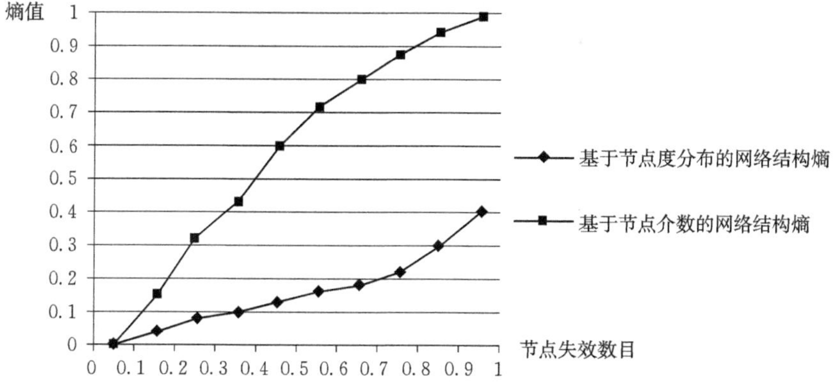

图 7.4　随机攻击下网络结构熵相对于初始网络结构熵变化曲线

图 7.1 为高铁网络在受到基于节点度的故意攻击情况下，两种网络结构熵的变化情况。可以看出，在基于度的攻击情况下，两种网络结构熵都随着节点失效数目的增加而稍有下降，但基本保持水平。网络的连接性比较好，打击部分节点，网络的结构熵变化不大。而从整体上看，基于节点度分布的网络结构熵要比基于节点介数的网络结构熵大，说明改进后基于介数的网络结构熵能更好的评估出网络的抗毁性能。

图 7.2 为故意攻击情况下两种网络结构熵相对于初始网络结构熵随节点失效百分比变化的曲线。可以看出，基于介数的网络结构熵随节点失效数目增加的变化幅度更大，而基于度数的网络结构熵变化幅度甚小。这足以说明，用基于度值的网络结构熵来测度网络的抗

毁性能不能较为合适的表现出网络的抗毁性能，改进后基于介数的网络结构熵则能较好的刻画网络的抗毁性能。这说明我们的改进是有效果的。

图 7.3 是高铁网络在受到随机攻击的情况下，两种情况下高铁网络结构熵随节点失效比例的变化曲线，两种情况下，高铁网络的网络结构熵都在不断下降，而基于介数的网络结构熵的变化范围更大，变化幅度也更大，且整体曲线都在基于度数的网络结构熵之下。基于介数的网络结构熵变化曲线更好的说明了在随机攻击中，由于被删除节点的随机性而对网络造成的影响，而基于度数的网络结构熵仅仅表现为小范围内小幅度的下降，不能很好地反映网络在受到随机攻击之后整体性能的变化情况。

图 7.4 是随机攻击的情况下，两种网络结构熵相对于初始高铁网络结构熵随节点失效比例的变化情况。图中基于介数的网络结构熵变化曲线整体处于基于度数的网络结构熵变化曲线之上，而且变化幅度更大，更充分的表明了基于介数的网络结构熵可以更好地测度网络的抗毁性能。

通过对比图 7.1 至图 7.4 可以知道，基于介数的网络结构熵更能够动态反映网络性能的变化。本书提出的基于介数的网络结构熵是有实际应用意义的，可以将其应用于之后的研究学习。

参考文献

[1] Sen P,Dasgupta S,Chatterjee A,Sreeram P A,Mukherjee G,Manna S S. Small-world properties of the Indian railway network[J].Physical Review E,2002,67:36106-36110.

[2] 赵伟,何红生,林中材,等. 中国铁路客运网网络性质的研究[J].物理学报,2006,55(8):3906-3911.

[3] W. Li,X,Cai. Empirical analysis of a scale-free railway network in China[J].Physica A,2007,382: 693-703.

[4] 卢彬源. 中国铁路加权网络研究[D]:[博士学位论文].广州,中山大学,2008.

[5] 王伟,刘军,蒋熙,等. 中国铁路网的拓扑特性[J].北京交通大学学报,2010,34(3):148-152.

[6] 包云,刘军,李婷. 中国铁路旅客列车服务网络性质研究[J].铁道学报,2012,34(12):8-14.

[7] 叶婷婷. 基于复杂网络的全国铁路网络连通可靠性分析[J].北京交通大学硕士学位论文,2009.

[8] Motter AE,Lai Y-C. Cascade-based attacks on complex networks[J].Physical Review E,2002,66(6):065102.

[9] Zhao L, Park K, Lai Y C. Attack vulnerability of scale-free networks due to cascadingbreakdown[J].Physical Review E,2004,70:035101 (R).

[10] Zhao L,Park K,Lai YC ,etal. Tolerance of scale-free networks against attack-induced cascades[J].Physical Review E,2005,72:025104.

[11] Lee E J,Goh K I,Kahng B,etal. Robustness of the avalanche dynamics in data-packet transport on scale-freenetworks[J].Physical Review E,2005,71:056108.

[12] Bao Z J,Cao Y J. Cascading failures in local-world evolvingnetworks[J]. Zhe jiang University Science A,2008,9(10):1336-1340.

[13] Wu J J,Gao Z Y,Sun H J. Cascade and breakdown in Scale-free networks with communitystructure[J].Physical Review E,2006,74(6):066111.

[14] Babaei M,Ghassemieh H,Jalili M. Cascading failure Tolerance of modular small-worldnetworks[J]. IEEE Transactions on Circuits and Systems: Express Briefs,2011,58(8):527-531.

[15] Xia Y X,Fan J,Hill D. Cascading failure in Watts-Strogatz Small-worldnetworks[J]. Physical A,2010,389(6):1281-1285.

[16] Crucitti P,Latora V,Marvhiori M. Model for cascading failures in complexnetworks[J].Physical Review E,2004,69(4):045104.

[17] Kinney R,Crucitti P,Albert R,etal. Modeling cascading failures in the North Americanpower grid[J].European Physical Journal B,2005,46: 101-107.

[18] Ash J,Newth D. Optimizing complex networks for resilience against cascadingfailure

[J].Physica A,2007,380:673-683.

[19] Wang W X,Chen G R. Universal Robustness Characteristic of Weighted Networks Against CascadingFailure[J].Physical Review E,2008,77(2):026101.

[20] Wu Z X, Peng G, Wang W X, etal. Cascading Failure Spreading on Weighted heterogeneousNetworks[J].Journal of Statistical Mechanics,2008,05013.

[21] Wang J W,Rong L L. A model for cascading failures in scale-free networks with a breakdownprobability[J].Physica A,2009,388:1289-1298.

[22] Bakke J, Hansen A, Kertesz J. Failures and avalanches in complexnetworks [J]. European Physical Letters,2006,76(4):717-723.

[23] Simonsen I, Buzna L, Peters K, etal. Transient dynamics increasing network Vulenerablity to CascadingFailures[J].Physical Review Letters,2008,100:218701.

[24] Zheng J F,Gao Z Y,Zhao X M. Clustering and congestion effects on cascading failures of scale-free networks[J].European Physical Letters,2007,79:58002.

[25] 王健,刘衎衎,张程,等.Internet 级联动力学分析与建模[J].软件学报,2010,21(8):2050-2050.

[26] Wang X F,Xu J. Cascading failures in coupled maplattices[J]. Physical Review E,2004,70:056113.

[27] Xu J,Wang X F. Cascading failures in scale-free coupled maplattices[J].Physica A,2005,349:685-692.

[28] Cui D,Gao Z Y,Zhao X M. Cascading in Small-world modular networks with CML' Smethod [J].Modern Physical Letters,2007,21:2055.

[29] Cui D, Gao Z Y, Zhao X M. Cascades with coupled map lattices in preferential attachment communitynetworks[J].Chinese Physics B,2008,17(5):1703-1708.

[30] Cui D, Gao Z Y, Zheng J F. Tolerance of edge cascades with coupled map latticesmethods[J].Chinese Physics B,2009,18(3):992-996.

[31] Bao Z Y, Cao Y J, Ding L J, etal. Synergetic behavior in the cascading failure propagation of scale-free coupled maplattices[J].Physica A,2008,387:5922-5929.

[32] Watts D J. A simple model of globle cascades on randomnetworks[J].Proceedings of the National Academy of Sciences of the United States of America, 2002, 99: 5766-5771.

[33] Buzna L, Peters K. Helbing D. Modelling the dynamics of disaster spreading innetworks[J].Physica A,2006,328:132-140.

[34] Weng W G,Ni S J,Yuan H J,etal. Modeling the dynamics of disaster spreading from keynodes in complex networks[J].International Journal of Modern Physics C,2007,18(5):889-901.

[35] Buzna L,Peters K,Ammoser H,etal. Efficient response to cascading disasterspreading [J].Physical Review E,2007,75:056107.

[36] Guo Q, Li L X, Chen Y H, etal. Modeling dynamics of disaster spreading in

communitynetworks[J].Nonlinear Dynamics,2011,64:157:165.

[37] Bonabeau E. Sandpile dynamics on randomgraphs[J].Journal of the Physical Society of Japan,1995,64:327-328.

[38] Goh K I,Lee D S,Kahng B,etal. Sandpile on scale-free networks[J].Physical Review Letters,2003,91:148701.

[39] Huang L, Yang K Q. Geographical effects on cascading breakdowns of scale-freenetworks[J].Physical Review E,2006,73:036102.

[40] 李鹏翔,任玉晴,席西民．网络节点(集)重要性的一种度量指标[J].系统工程,2004,22(4):13-20

[41] 刘浪,邓伟,采峰,等．节点重要度计算的新方法—优先等级法[J].中国管理科学(专辑),2007,15:162-165.

[42] 吴俊,谭跃进,邓红钟,等．考虑级联失效的复杂负载网络节点重要度评估[J]，小型微型计算机系统,2007,28(4):627-630.

[43] 朱静,杨晓静．地域通信网的关键节点识别方法[J].探测与控制学报,2008,30(增刊):55-58.

[44] 段东立,战仁军．基于相继故障信息的网络节点重要度演化机理分析[J].物理学报,2014,63(6): 068902.

[45] 赵毅寰,王祖林,郑品,等．利用重要性贡献矩阵确定通信网中最重要节点[J].北京航空航大大学学报,2009,35(9):1076-1079.

[46] 叶春森,汪传雷,刘宏伟．网络节点重要度评价方法研究[J].统计与决策,2001,1:22-24.

[47] 谭跃进,吴俊,邓宏钟．复杂网络中节点重要度评估的节点收缩方法[J].系统工程理论与实践,2006,11:79-83.

[48] 罗志忠,张丰焰．主成分分析法在公路网节点重要度指标权重分析中的应用[J].交通运输系统工程与信息,2005,5(6):78-81.

[49] 刘仍奎,程晓卿,孙全欣．铁路事故救援系统的构建研究[J].中国安全科学学报,2004,14(11):43-47.

[50] 周漩,张凤鸣,李克武,等．利用重要度评价矩阵确定复杂网络关键节点[J].物理学报,2012,61(5):050201.

[51] 吴俊．复杂网络拓扑结构抗毁性研究[D].长沙：国防科学技术大学博士学位论文,2008.

[52] Albert R,Jeong H,Barabasi A-L. Error and attack tolerance of complexnetworks[J].Nature,2000,406,378-382.

[53] Cohen R,Erez K,Ben-Avraham D,etal. Resilience of the Internet to randombreakdowns[J].Physica Review Letters,2000,85(21): 4626-4628.

[54] Dorogovtsev S. N, Mendes J. F. Comment on “Breakdown of the Internet under intentional attack”[J].Physica Review Letters,2001,87 (21): 219801.

[55] Callaway D. S,Newman M E. J,Strogatz S. H,etal. Network robustness and fragility:

percolation on random graphs[J].Physica Review Letters,2000,85(25):5468-5471.

[56] Gallos L. K,Cohen R,Argyrak P,etal. Stability and topology of scale-free networks under attack and defensesrategies[J].Physica Review Letters,2005,94(18):188701.

[57] Wu J,Deng H Z,Tan Y J,etal. Vulnerability of complex networks under intentionalattack with incomplete information[J].Physica A,2007,40:2665-2671.

[58] Moreno Y,Gomez J. B,Pacheco A. F. Instability of scale-free networks under node-breakingavalanches[J].Europhys Letters,2002,58(4):630-636.

[59] Holme P,Kim B. J. Vertex overload breakdown in evolvingnetworks[J]. Physica Review E,2002,65(6):066109.

[60] Newport K T,Varshney Pramod K. Design of survivable communications networks under performance constraints [J].IEEE Trans on Reliability,1991,40(4):433-440.

[61] Chvatal V. Tough graphs and Hamiltonian circuits [J].Discrete Mathematics,1973. 5(2):215-228.

[62] Barefoot C A,Entrinfer R,Swart H. Integrity of traces and powers of cycles [J]. Congr N-umber,1987,58:101-114.

[63] Albert R,Jeong H. Error and attack tolerance of complex networks [J].Nature,2000,406(6794):378-382.

[64] Broder A,Kumar R,Maghoul F,etal. Graph structure in theWeb[J]. Computer Networks,2000,33(1):309-320.

[65] Jeong H,Mason S,Barabási A. L,etal. Lethality and centrality in proteinnetworks[J]. Nature,2001,411:41-42.

[66] Dunne J A,Williams R J,Martinez N D. Network structure and biodiversity loss infood webs:robustness increases with connectance[J]. Ecology Letters,2002,5:558-567.

[67] Samant K,Bhattacharyya S. Proceedings of the Hawaii International Conference on System Sciences[C].IEEE Computer Society,2004.

[68] Magoni D. Tearing down theinternet[J]. IEEE J. Sel. Areas Commun. 2003,21(6):949-960.

[69] Holme P,Kim B J,Yoon C N. Attack vulnerability of complexnetworks[J]. Phys. Rev. E,2002,65(5):1-14.

[70] 吴俊,谭跃进. 复杂网络抗毁性测度研究[J].系统工程学报,2005,20(2):128-131.

[71] Wang B,Tang H. W,Guo C. H,etal. Entropy Optimization of Scale-free Networks Robustness to RandomFailures[J].Physica A,2005,363:591-596.

[72] 杨琴,兰巨龙,卢慧,等. 无标度网络抗攻击能力研究[J].计算机工程与应用.2009,45(31):85-88.

[73] Alina Beygelzimer,Geoffery Grinstein,Ralph Linsker. Improving Network Robustness by EdgeModification[J].Physica A. 2005,357(3):593-612.

[74] 李勇,吕欣,谭跃进. 基于级联失效的战域保障网络节点容量优化[J].复杂系统与复杂

性科学,2009,6(1):69-76.

[75] Gang Yan, Tao Zhou, Bo Hu. Efficient routing on complexnetworks[J]. Physica Review E,2006,73:046108.

[76] Valverdel S,Sole R. V. Internet′s Critical PathHorizon[J].European Physics Journal B. 2004,38(2):245-252.

[77] David Newthl,Jeff Ash,Evolving cascading failure resilience in complexnetworks[J], Physica A(2005).

[78] 丁金学．高铁与民航的竞争博弈及其空间效应—以京沪高铁为例[J].经济地理,2013(5):104-110.

[79] 王娇娥．中国铁路与民航的空间服务市场竞争分析与模拟[J].地理学报,2013(2):175-185.

[80] 李晓伟．基于径向基和 Logistics 的民航运输与高铁竞争因素研究[J].深圳大学学报理工版,2016(6):653-660.

[81] 张文华．博弈论视角下民航客运与高铁协同演进研究[J].物流工程与管理,2016(5):188-190.

[82] 向海涛,梁世东．双复杂网络间的演化博弈[J].物理学报,2015(1):1-9.

[83] 张波．复杂网络的构建及演化方式研究[D].吉林大学,2014.

[84] 刘毅．基于复杂网络的演化博弈研究及 iVCE 模型设计[D].中南大学,2011.

[85] Sen P,Dasgupta S,Chatterijee A,et al. Small-world properties of the Indian railway network[J].Phys Rev E,2003. 67(2):03106.

[86] Kurant M,Thiran P. Extraction and analysis of traffic and topologies of transportation networks[J].Phys Rev E,2006,74(3):026114.

[87] Guimera R,Amoral LAN. Modeling the world-wide airport network[J].Eur Phys JB, 2004,38(2):381-385

[88] Guimera R,Mossa S,Turtschi A,et al. The world-wide air transpaotation network: anomalous cent -rality,community structure,and cities global roles[J].Proceedings of the National Academy of Science,2005,102(22):7794-7799

[89] Chi LP;Wang R,Su H,et al. Structural properties of US flight network[J].Chinese Physics Letter,2003,20(8):1393-1396.

[90] Michele G, Funaro M. Topology of the Italian airport network, a scale-free small-world network with a fractul structure[J].Chaos,Solitions and Fractuls,2007,3(3):527-536.

[91] Chang J,Lee J-H. Accessibility Analysis of Korean High-Speed Rail:A case study of the seoul Metropolitan Area[J].Transport Reviews,2008,28(1):87-103.

[92] Clever R, Hansen M. Interaction of Air and High-Speed Rail in Japan[J]. Transportation Researh Record:Journal of the Transportation Research Board,2008,2043:1-12.

[93] Alder N,Pels E,Nash C. High-speed rail and air transport competition:Game engineering as tool for cost-benefit analysis[J]. Transportation Research Part B:Methodo logical,2010,44

(7):812-823.

[94] Takebayashi M. The future ralations between air and rail transport in an island country[J]. Transportation Research Part A: Policy and Practice, 2014, 62: 20-29.

[95] Socorro P M, Vieceas F M. The effects of airline and high speed train integration[J]. Transportation Research Part A, 2013, 49: 160-177.

[96] Nicole Adler et al. Competition in a deregulated air transportation market [J]. European Journal of Operation Research, 2001(129): 337-345.

[97] 林海,吴晨旭．基于遗传算法的重复囚徒困境博弈策略在复杂网络中的演化[J].物理学报,2008(08)/4313-06.

[98] 赵晟莹,郭强．复杂网络上博弈行为研究进展[J].电子测量技术,2007(4):93-97

[99] 刘媛妮. 复杂网络抗毁性建模优化及其评估技术研究[D].北京邮电大学,2011.

[100] 周漩,张凤鸣,李克武,等. 利用重要度评价矩阵确定复杂网络关键节点[J].物理学报,2012,5(62):050201.

[101] 叶婷婷. 基于复杂网络的全国铁路网络连通可靠性分析[D].北京交通大学,2009.

附录

附录一　高速客运网络节点名称顺序及其度

成都	北京	呼和浩特	乌兰浩特	杭州	上海	乌鲁木齐	郑州	阿拉善左旗	额济纳旗	阿拉善右旗	天津	西安	喀什	拉萨
190	324	55	7	239	322	72	178	5	3	2	172	159	10	27
广州	海口	厦门	济南	昆明	三亚	重庆	青岛	长春	沈阳	武汉	桂林	长沙	赤峰	大连
254	69	183	179	94	62	176	122	106	130	228	114	200	10	113
哈尔滨	洛阳	南京	深圳	石家庄	太原	西宁	怀化	阿尔山	安庆	安顺	鞍山	巴彦淖尔	白山	包头
115	67	236	233	140	88	58	71	3	6	7	50	5	8	30
北海	毕节	长治	常德	常州	朝阳	池州	达州	大理	大庆	大同	丹东	德宏	迪庆	东营
46	14	12	8	166	3	6	13	12	9	11	4	4	7	5
敦煌	鄂尔多斯	恩施	二连浩特	佛山	福州	抚远	阜阳	赣州	广元	贵阳	哈密	海拉尔	汉中	合肥
13	19	110	4	8	172	3	11	13	5	75	25	24	4	180
和田	黑河	衡阳	淮安	黄山	惠州	鸡西	济宁	加格达奇	佳木斯	嘉峪关	揭阳	金昌	井冈山	景德镇
3	4	119	8	13	92	6	14	5	10	27	111	4	10	8
九寨	克拉玛依	库尔勒	兰州	丽江	连云港	临沂	柳州	泸州	吕梁	满洲里	绵阳	漠河	牡丹江	南昌
10	3	9	67	34	13	17	96	13	6	5	37	5	8	187
南充	南宁	南通	南阳	宁波	攀枝花	齐齐哈尔	黔江	庆阳	衢州	泉州	思茅	台州	腾冲	通化
21	128	17	9	166	3	8	6	5	86	140	3	110	9	4
通辽	铜仁	万州	威海	潍坊	温州	乌海	无锡	武夷山	西昌	西双版纳	锡林浩特	襄阳	兴义	烟台
9	9	12	41	95	134	6	169	9	5	19	5	16	9	58
延安	延吉	盐城	扬州	伊春	伊宁	宜宾	宜昌	宜春	义乌	银川	榆林	运城	湛江	张家界
9	13	13	15	4	5	14	120	101	109	50	21	49	15	17
中卫	舟山	珠海	遵义	黎平	徐州	永州	阿坝	阿克苏	昌都	稻城	邯郸	康定	林芝	日喀则
2	10	51	21	4	170	75	1	5	2	3	75	2	5	1
唐山	玉树	昭通	秦皇岛	天水	梧州	百色	保山	锦州	荔波	六盘水	梅州	文山	河池	张家口
79	4	4	79	3	24	4	2	75	2	6	7	2	2	5

续上表

连城	阿里	临沧	夏河	张掖	九江	神农架	阿勒泰	博乐	布尔津	库车	那拉提	塔城	格尔木	固原
3	2	1	2	20	30	2	1	1	1	1	1	1	2	2
德令哈	红光镇	郫县	犀浦	谷城	十堰	随州	枣阳	昆山	苏州	镇江	保定	宾阳	郴州	赤壁
1	11	11	11	6	6	7	6	184	160	150	98	42	93	78
定州	东安	丰都	高安	高碑店	高邑	鹤壁	华山	荆州	来宾	醴陵	鹿寨	漯河	汨罗	明港
56	68	88	61	61	60	81	45	115	59	63	38	82	46	37
萍乡	祁东	祁阳	潜江	清远	全州	三门峡	韶关	天门	咸宁	孝感	新乡	信阳	邢台	兴安
99	65	66	109	54	68	74	93	102	111	77	73	96	74	49
许昌	永福	岳阳	长寿	枝江	株洲	驻马店	鲅鱼圈	蚌埠	北戴河	昌图	滁州	丹阳	德惠	扶余
76	62	146	64	72	97	95	48	131	66	58	89	135	51	38
盖州	公主岭	海城	葫芦岛	吉林	开原	辽阳	滦县	盘锦	普湾	山海关	四平	泰安	铁岭	瓦房店
34	45	47	72	36	53	51	23	69	27	76	70	128	67	29
营口	苍南	潮阳	德清	奉化	福安	福鼎	福清	海宁	涵江	湖州	惠安	惠东	嘉善	嘉兴
51	96	75	116	63	73	82	72	102	66	150	51	64	100	135
江宁	金山	晋江	句容	葵潭	乐清	溧阳	连江	临海	龙岩	罗源	南靖	宁德	宁海	莆田
79	89	79	47	50	78	146	71	95	62	55	55	92	75	124
普宁	饶平	瑞安	三门县	汕尾	上虞	绍兴	绅坊	松江	太姥山	桐乡	瓦屋山	温岭	霞浦	仙游
87	82	88	79	88	119	133	70	98	75	103	52	105	84	67
雁荡山	宜兴	永嘉	余杭	余姚	漳浦	漳州	长兴	诏安	庄桥	涪陵	汉川	建始	利川	石柱县
83	149	75	93	123	68	84	115	65	62	96	84	84	94	89
仙桃	滨海	沧州	曲阜	滕州	德州	定远	高密	红安	淮南	江山	胶州	金华	金寨	进贤
83	62	85	139	101	115	66	80	83	101	78	27	95	70	63
开封	廊坊	溧水	六安	麻城	青州市	商丘	上饶	水家湖	台安	宿州	鹰潭	玉山	枣庄	诸暨
28	57	99	119	100	87	28	83	67	32	106	82	60	120	80
淄博	集宁	卓资	安阳	大荔	巩义	洪洞	侯马	霍州	介休	晋中	临汾	灵石	平遥古城	祁县
91	3	3	78	21	26	27	28	28	28	28	28	26	26	26
岐山	太谷	渭南	闻喜	咸阳秦都	杨陵	永济	宝鸡	衡山	虎门	耒阳	灵宝	娄底	渑池	韶山
34	28	66	27	35	36	25	36	58	76	56	35	66	38	51
邵阳	襄汾	阳泉	正定	涿州	东戴河	军粮城	辽中	滦河	双城	绥中	贵港	桂平	合浦	南江
48	22	31	47	45	24	40	37	56	35	56	20	20	13	14
平南	钦州	三水	藤县	云浮	肇庆	东升	古镇	江门	新会	中山	昌乐	即墨	莱西	莱阳
20	30	33	17	19	34	9	9	9	9	11	19	32	20	33

续上表

牟平	荣成	桃村	章丘	南朗	南头	容桂	顺德	小榄	南江口	琼海	文昌	鳌江	抚州	将乐
30	31	20	44	8	12	15	15	15	13	8	8	84	113	59
陆丰	南丰	全椒	三明	泰宁	尤溪	东莞	安亭	丹徒	肥东	花桥	惠山	龙游	南翔	戚墅堰
67	74	82	78	76	75	4	10	15	61	9	48	43	9	21
遂宁	仙林	阳澄湖	光明城	鲘门	建宁县	角美	南城	永泰	云霄	春申	新桥	湘潭	新化	新余
52	9	11	26	44	53	20	54	48	41	6	6	50	47	85
英德	大英	德安	峨眉山	合川	黄石	乐山	离堆公园	彭山	彭州	蓬安	青神	瑞昌	潼南	土溪
35	18	57	11	52	51	11	8	8	4	7	8	47	42	7
新津	阳新	迎宾路	营山	永修	都匀	恭城	贵定县	贺州	怀集	三都县	三江	酒泉	柳园	门源
8	48	8	6	44	17	18	15	18	18	17	18	19	19	16
吐哈	吐鲁番	鄂州	葛店	花湖	花山	华容	左岭	庐山	广汉	青白江	弋阳	北滘	安德	从江
16	19	54	17	8	9	9	9	50	8	8	46	11	8	16
龙里	榕江	共青城	巴东	黄冈	九台	海东	鄯善	玉门	广宁	钟山	岳池	碧江	常平	庆盛
13	13	38	15	13	12	15	18	15	15	8	4	10	10	4
郁南	高台	临泽	民乐	清水	文登	溆浦	庙山	南湖	普安	山坡	汤逊湖	土地堂	乌龙泉	纸坊
13	16	15	15	13	13	28	11	11	11	11	11	11	11	11
贺胜桥	新晃	芷江	龙嘉	海阳	绿博园	宋城路	运粮河	德阳	青莲	车墩	亭林	叶榭	宝华山	乐都
11	9	9	3	17	4	4	4	11	8	6	6	6	9	13
博鳌	神州	万宁	南浦	龙山镇	大通	唐家湾	都江堰	陵水	亚龙湾	樟木头	抚顺	云梦	武清	安陆
8	8	8	4	7	10	9	6	8	8	4	16	3	2	6
横沟桥	贾鲁河	明珠	大冶	防城港	广安	江油	开阳	青城山						
11	4	7	8	5	4	11	2	6						

附录二　高速客运网络蓄意攻击顺序及其全局效率

攻击节点数	站	全局效率	攻击节点数	站	全局效率	攻击节点数	站	全局效率	攻击节点数	站	全局效率
0		0.486 141	6	深圳	0.450 66	12	厦门	0.426 252	18	福州	0.403 198
1	北京	0.478 959	7	武汉	0.442 932	13	合肥	0.425 25	19	无锡	0.402 216
2	上海	0.471 764	8	长沙	0.441 026	14	济南	0.4238 78	20	徐州	0.401 31
3	广州	0.463 308	9	成都	0.430 855	15	郑州	0.4168 14	21	常州	0.400 281
4	杭州	0.461 533	10	南昌	0.429 766	16	重庆	0.410 309	22	宁波	0.398 955
5	南京	0.459 883	11	昆山	0.428 745	17	天津	0.406 304	23	苏州	0.397 533

续上表

攻击节点数	站	全局效率	攻击节点数	站	全局效率	攻击节点数	站	全局效率	攻击节点数	站	全局效率
24	西安	0.381 775	56	驻马店	0.314 595	88	惠州	0.254 471	120	潮阳	0.210 965
25	湖州	0.381 198	57	海宁	0.314 084	89	萍乡	0.253 752	121	鹰潭	0.210 408
26	镇江	0.379 875	58	桂林	0.311 186	90	潍坊	0.253 237	122	海口	0.199 56
27	宜兴	0.379 249	59	德州	0.310 327	91	苍南	0.252 803	123	许昌	0.198 384
28	岳阳	0.377 231	60	宜昌	0.309 01	92	邯郸	0.252 3	124	宁德	0.197 909
29	溧阳	0.376 555	61	嘉善	0.308 501	93	瑞安	0.251 917	125	麻城	0.196 692
30	石家庄	0.373 032	62	揭阳	0.305 717	94	淄博	0.251 285	126	饶平	0.196 344
31	丹阳	0.370 911	63	荆州	0.305 242	95	汕尾	0.250 897	127	青州市	0.194 876
32	曲阜	0.370 237	64	长春	0.298 727	96	安阳	0.250 394	128	渭南	0.194 278
33	嘉兴	0.369 491	65	台州	0.298 085	97	漳州	0.250 015	129	兰州	0.190 315
34	泉州	0.366 973	66	株洲	0.297 554	98	沧州	0.248 888	130	高碑店	0.189 125
35	绍兴	0.366 202	67	桐乡	0.296 879	99	虎门	0.246 104	131	江山	0.188 541
36	蚌埠	0.365 632	68	松江	0.296 226	100	涪陵	0.245 559	132	唐山	0.187 934
37	温州	0.362 741	69	恩施	0.294 916	101	金华	0.244 881	133	湖州	0.186 687
38	南宁	0.360 418	70	昆明	0.277 226	102	乌鲁木齐	0.233 729	134	诸暨	0.186 006
39	泰安	0.359 586	71	郴州	0.276 646	103	邢台	0.233 144	135	西宁	0.178 635
40	抚州	0.359 032	72	温岭	0.276 175	104	金山	0.227 63	136	淮南	0.177 024
41	沈阳	0.357 784	73	柳州	0.275 081	105	泰宁	0.227 177	137	新余	0.175 799
42	衡阳	0.357 235	74	余杭	0.274 35	106	秦皇岛	0.226 795	138	盘锦	0.175 419
43	莆田	0.356 441	75	鹤壁	0.273 824	107	临海	0.226 32	139	衢州	0.174 218
44	余姚	0.355 994	76	溧水	0.272 932	108	利川	0.225 788	140	赤壁	0.172 707
45	青岛	0.351 92	77	韶关	0.272 272	109	贵阳	0.216 569	141	福安	0.172 322
46	上虞	0.351 398	78	三明	0.271 792	110	山海关	0.216 167	142	肇庆	0.171 882
47	保定	0.350 509	79	宿州	0.270 896	111	普宁	0.215 801	143	鄂州	0.171 292
48	咸宁	0.338 819	80	晋江	0.270 223	112	石柱县	0.215 131	144	定州	0.170 567
49	德清	0.338 369	81	潜江	0.269 647	113	新乡	0.214 389	145	葫芦岛	0.170 178
50	哈尔滨	0.333 394	82	滕州	0.268 472	114	四平	0.213 983	146	霞浦	0.169 285
51	长兴	0.332 865	83	太原	0.262 852	115	上饶	0.213 444	147	雁荡山	0.168 681
52	大连	0.317 323	84	宜春	0.261 895	116	鳌江	0.213 087	148	高密	0.166 062
53	六安	0.316 522	85	漯河	0.261 226	117	锦州	0.212 678	149	三水	0.165 274
54	信阳	0.316 022	86	义乌	0.255 559	118	孝感	0.211 866	150	黄石	0.164 515
55	枣庄	0.315 157	87	天门	0.254 859	119	铁岭	0.211 294	151	全椒	0.163 357

续上表

攻击节点数	站	全局效率	攻击节点数	站	全局效率	攻击节点数	站	全局效率	攻击节点数	站	全局效率
152	公主岭	0.163 016	184	绥中	0.097 185	216	鲅鱼圈	0.047 767	248	耒阳	0.036 22
153	涵江	0.162 641	185	陆丰	0.095 004	217	诏安	0.047 241	249	桂平	0.035 953
154	咸阳秦都	0.162 234	186	怀化	0.094 182	218	介休	0.046 971	250	莱西	0.035 629
155	尤溪	0.161 632	187	烟台	0.092 53	219	小榄	0.047 05	251	建宁县	0.035 252
156	遂宁	0.159 48	188	运城	0.092 265	220	恭城	0.047 141	252	新化	0.034 756
157	呼和浩特	0.148 615	189	乐清	0.089 98	221	吐鲁番	0.047 231	253	乐山	0.034 818
158	杨陵	0.148 18	190	德安	0.089 507	222	威海	0.046 579	254	南湖	0.034 881
159	三亚	0.134 613	191	洛阳	0.065 852	223	梧州	0.046 314	255	郫县	0.034 964
160	高邑	0.133 787	192	珠海	0.063 289	224	高安	0.045 43	256	华山	0.034 571
161	北戴河	0.133 408	193	张掖	0.063 43	225	长寿	0.044 334	257	全州	0.032 912
162	辽阳	0.133 03	194	来宾	0.061 875	226	德惠	0.044 035	258	海城	0.032 271
163	福鼎	0.132 559	195	营口	0.061 601	227	龙岩	0.042 629	259	滨海	0.030 97
164	仙桃	0.132 036	196	洪洞	0.061 348	228	晋中	0.042 367	260	太谷	0.030 749
165	宝鸡	0.131 587	197	庐山	0.060 855	229	贺州	0.042 446	261	平南	0.030 501
166	永福	0.123 015	198	绵阳	0.058 415	230	东安	0.041 952	262	莱阳	0.030 192
167	福清	0.122 559	199	醴陵	0.057 805	231	三门县	0.041 397	263	南头	0.030 21
168	南丰	0.121 955	200	连江	0.057 408	232	临汾	0.041 144	264	瑞昌	0.029 849
169	昌图	0.121 564	201	仙游	0.056 97	233	衡山	0.040 503	265	三江	0.029 887
170	滁州	0.119 628	202	侯马	0.056 707	234	贵港	0.040 249	266	普安	0.029 935
171	岐山	0.118 132	203	章丘	0.055 441	235	即墨	0.039 943	267	德阳	0.029 983
172	哈密	0.116 963	204	容桂	0.055 552	236	将乐	0.039 512	268	丽江	0.029 831
173	永州	0.116 408	205	酒泉	0.055 664	237	峨眉山	0.039 589	269	襄阳	0.029 899
174	丰都	0.115 506	206	鞍山	0.055 34	238	怀集	0.039 658	270	银川	0.029 243
175	惠东	0.115 127	207	北海	0.054 497	239	鄯善	0.039 724	271	九江	0.028 648
176	涿州	0.113 441	208	南充	0.050 324	240	庙山	0.039 802	272	犀浦	0.028 655
177	嘉峪关	0.105 363	209	汨罗	0.049 821	241	拉萨	0.039 383	273	罗源	0.028 269
178	宾阳	0.104 59	210	宁海	0.049 303	242	红光镇	0.039 476	274	瓦屋山	0.027 644
179	枝江	0.099 656	211	汉川	0.048 702	243	祁阳	0.038 97	275	廊坊	0.022 996
180	吉林	0.099 343	212	霍州	0.048 429	244	盖州	0.038 664	276	闻喜	0.022 769
181	永嘉	0.098 854	213	娄底	0.047 868	245	漳浦	0.038 242	277	韶山	0.021 597
182	进贤	0.098 033	214	顺德	0.047 951	246	金寨	0.037 513	278	桃村	0.021 365
183	开原	0.097 677	215	柳园	0.048 033	247	灵石	0.037 248	279	琼海	0.021 374

续上表

攻击节点数	站	全局效率	攻击节点数	站	全局效率	攻击节点数	站	全局效率	攻击节点数	站	全局效率
280	惠山	0.020 145	312	三都县	0.008 207	344	阿拉善左旗	0.003 414	376	惠安	0.001 512
281	阳新	0.019 785	313	华容	0.008 155	345	连云港	0.003 352	377	庄桥	0.001 478
282	门源	0.019 74	314	安德	0.008 045	346	漠河	0.003 288	378	开封	0.001 443
283	葛店	0.019 737	315	共青城	0.007 749	347	十堰	0.003 242	379	集宁	0.001 407
284	北滘	0.019 646	316	玉门	0.007 663	348	鹿寨	0.003 074	380	巩义	0.001 37
285	山坡	0.019 641	317	碧江	0.007 561	349	定远	0.003 025	381	合浦	0.001 333
286	江油	0.019 53	318	土地堂	0.007 501	350	大荔	0.002 956	382	江门	0.001 295
287	随州	0.019 499	319	博鳌	0.007 44	351	辽中	0.002 885	383	南江口	0.001 256
288	祁东	0.017 037	320	包头	0.007 378	352	古镇	0.002 833	384	安亭	0.001 216
289	三门峡	0.015 233	321	达州	0.007 345	353	牟平	0.002 779	385	丹徒	0.001 175
290	葵潭	0.014 457	322	佛山	0.007 205	354	东莞	0.002 725	386	光明城	0.001 133
291	永济	0.014 309	323	西双版纳	0.007 124	355	龙游	0.002 649	387	角美	0.001 091
292	邵阳	0.014 244	324	谷城	0.007 087	356	彭山	0.002 592	388	永泰	0.001 047
293	藤县	0.014 193	325	扶余	0.006 788	357	蓬安	0.002 534	389	合川	0.001 003
294	文昌	0.014 169	326	绅坊	0.005 914	358	青神	0.002 475	390	离堆公园	0.000 957
295	戚墅堰	0.013 101	327	红安	0.005 492	359	从江	0.002 359	391	土溪	0.000 91
296	大英	0.012 141	328	胶州	0.005 265	360	九台	0.002 241	392	新津	0.000 863
297	都匀	0.012 076	329	阳泉	0.005 007	361	溆浦	0.002 177	393	花湖	0.000 814
298	吐哈	0.011 921	330	东戴河	0.004 95	362	纸坊	0.002 112	394	青白江	0.000 764
299	花山	0.011 878	331	云浮	0.004 821	363	宋城路	0.002 046	395	龙里	0.000 713
300	汤逊湖	0.011 835	332	鲘门	0.004 62	364	车墩	0.001 978	396	岳池	0.000 661
301	海拉尔	0.011 275	333	南城	0.004 486	365	万宁	0.001 909	397	常平	0.000 607
302	瓦房店	0.010 833	334	新桥	0.004 423	366	唐家湾	0.001 816	398	高台	0.000 552
303	奉化	0.010 39	335	英德	0.004 268	367	额济纳旗	0.001 788	399	临泽	0.000 497
304	江宁	0.009 206	336	左岭	0.004 167	368	喀什	0.001 76	400	文登	0.000 439
305	渑池	0.009 12	337	海东	0.004 059	369	长治	0.001 732	401	贺胜桥	0.000 381
306	襄汾	0.009 036	338	广宁	0.003 891	370	二连浩特	0.001 702	402	新晃	0.000 321
307	南江	0.008 915	339	民乐	0.003 744	371	抚远	0.001 672	403	运粮河	0.000 26
308	中山	0.008 701	340	乌龙泉	0.003 67	372	南通	0.001 642	404	亭林	0.000 197
309	荣成	0.008 544	341	绿博园	0.003 594	373	枣阳	0.001 61	405	南浦	0.000 133
310	春申	0.008 497	342	神州	0.003 517	374	兴安	0.001 578	406	都江堰	6.72E-05
311	湘潭	0.008 281	343	乌兰浩特	0.003 457	375	普湾	0.001 545	407	陵水	0

附录三　高速客运网络随机攻击顺序及其全局效率

攻击节点数	攻击节点名	全局效率	攻击节点数	攻击节点名	全局效率	攻击节点数	攻击节点名	全局效率	攻击节点数	攻击节点名	全局效率
0		0.486 141	15	359 枣庄	0.475 219	30	128 无锡	0.459 334	45	78 衡阳	0.441 545
1	342 胶州	0.486 191	16	252 滁州	0.475 053	31	50 常州	0.456 807	46	217 鹤壁	0.441 259
2	204 昆山	0.485 645	17	19 济南	0.474 282	32	336 德州	0.455 718	47	246 株洲	0.440 899
3	335 滕州	0.485 368	18	2 北京	0.462 127	33	386 耒阳	0.455 497	48	210 赤壁	0.440 623
4	361 淄博	0.485 127	19	337 定远	0.462 049	34	209 郴州	0.455 196	49	215 高碑店	0.440 451
5	249 蚌埠	0.484 762	20	333 沧州	0.461 887	35	211 定州	0.455 072	50	454 光明城	0.440 431
6	33 南京	0.483 891	21	23 青岛	0.461 255	36	237 新乡	0.454 758	51	395 涿州	0.440 34
7	206 镇江	0.483 464	22	253 丹阳	0.460 851	37	466 英德	0.454 61	52	239 邢台	0.440 09
8	156 徐州	0.482 91	23	351 青州市	0.460 605	38	247 驻马店	0.454 222	53	236 孝感	0.439 793
9	268 泰安	0.482 55	24	334 曲阜	0.460 091	39	235 咸宁	0.453 849	54	8 郑州	0.433 064
10	12 天津	0.481 754	25	338 高密	0.459 818	40	243 岳阳	0.452 066	55	385 虎门	0.432 817
11	125 潍坊	0.481 504	26	449 南翔	0.460 107	41	16 广州	0.442 836	56	364 安阳	0.432 546
12	6 上海	0.475 851	27	443 安亭	0.460 396	42	238 信阳	0.442 46	57	216 高邑	0.432 357
13	356 宿州	0.475 55	28	205 苏州	0.459 748	43	384 衡山	0.442 266	58	230 清远	0.432 257
14	424 章丘	0.475 559	29	417 昌乐	0.460 071	44	233 韶关	0.441 953	59	224 汨罗	0.432 125

续上表

攻击节点数	攻击节点名	全局效率	攻击节点数	攻击节点名	全局效率	攻击节点数	攻击节点名	全局效率	攻击节点数	攻击节点名	全局效率
60	225 明港	0.432 134	76	24 长春	0.396 581	92	174 锦州	0.395 019	108	436 陆丰	0.381 288
61	35 石家庄	0.431 269	77	264 盘锦	0.396 42	93	400 双城	0.395 201	109	118 台州	0.380 758
62	26 武汉	0.410 52	78	261 开原	0.396 498	94	258 海城	0.395 364	110	288 晋江	0.380 361
63	162 邯郸	0.410 232	79	355 台安	0.396 665	95	398 辽中	0.395 798	111	310 太姥山	0.380 014
64	525 庆盛	0.410 341	80	169 秦皇岛	0.396 487	96	397 军粮城	0.395 835	112	313 温岭	0.379 583
65	241 许昌	0.410 034	81	266 山海关	0.396 312	97	267 四平	0.395 843	113	455 鲘门	0.379 371
66	28 长沙	0.408 309	82	25 沈阳	0.393 79	98	42 鞍山	0.396 028	114	81 惠州	0.378 93
67	223 漯河	0.407 914	83	516 九台	0.392 971	99	251 昌图	0.396 219	115	242 永福	0.378 68
68	207 保定	0.406 825	84	544 龙嘉	0.394 562	100	255 扶余	0.396 431	116	304 三门县	0.378 368
69	34 深圳	0.398 13	85	254 德惠	0.394 672	101	271 营口	0.396 627	117	18 厦门	0.375 735
70	269 铁岭	0.398 027	86	256 盖州	0.394 783	102	399 滦河	0.396 575	118	319 余杭	0.375 317
71	257 公主岭	0.398 066	87	401 绥中	0.394 908	103	265 普湾	0.396 794	119	457 角美	0.375 334
72	166 唐山	0.397 732	88	270 瓦房店	0.395 04	104	248 鲅鱼圈	0.397 015	120	126 温州	0.374 557
73	260 吉林	0.397 784	89	262 辽阳	0.395 161	105	30 大连	0.390 454	121	301 普宁	0.374 193
74	332 滨海	0.397 641	90	396 东戴河	0.395 359	106	31 哈尔滨	0.382 004	122	5 杭州	0.365 563
75	250 北戴河	0.397 49	91	259 葫芦岛	0.395 227	107	302 饶平	0.381 616	123	110 宁波	0.364 199

续上表

攻击节点数	攻击节点名	全局效率	攻击节点数	攻击节点名	全局效率	攻击节点数	攻击节点名	全局效率	攻击节点数	攻击节点名	全局效率
124	290 葵潭	0.364 025	140	305 汕尾	0.358 097	156	274 德清	0.346 277	172	467 大英	0.339 098
125	308 绅坊	0.363 748	141	298 宁德	0.357 811	157	327 汉川	0.345 84	173	350 麻城	0.338 611
126	316 雁荡山	0.363 423	142	322 漳州	0.357 47	158	451 遂宁	0.345 385	174	229 潜江	0.338 134
127	276 福安	0.363 106	143	324 诏安	0.357 248	159	245 枝江	0.344 895	175	292 溧阳	0.337 436
128	278 福清	0.362 85	144	433 鳌江	0.356 959	160	344 金寨	0.344 504	176	445 肥东	0.337 045
129	291 乐清	0.362 573	145	321 漳浦	0.356 769	161	281 湖州	0.343 827	177	1 成都	0.318 172
130	306 上虞	0.362 074	146	307 绍兴	0.356 262	162	234 天门	0.343 31	178	75 合肥	0.315 437
131	272 苍南	0.361 711	147	273 潮阳	0.356 035	163	328 建始	0.342 819	179	22 重庆	0.305 901
132	296 罗源	0.361 526	148	116 泉州	0.354 984	164	312 瓦屋山	0.342 556	180	143 宜昌	0.304 75
133	87 揭阳	0.360 417	149	460 云霄	0.354 917	165	331 仙桃	0.342 078	181	479 潼南	0.304 497
134	293 连江	0.360 176	150	283 惠东	0.351 633	166	219 荆州	0.341 556	182	244 长寿	0.304 213
135	314 霞浦	0.359 917	151	66 福州	0.347 096	167	289 句容	0.341 241	183	514 巴东	0.304 412
136	277 福鼎	0.359 67	152	325 庄桥	0.347 002	168	470 合川	0.340 836	184	63 恩施	0.303 943
137	294 临海	0.359 355	153	275 奉化	0.346 872	169	438 全椒	0.340 354	185	339 红安	0.303 595
138	303 瑞安	0.359 022	154	299 宁海	0.346 715	170	317 宜兴	0.339 659	186	489 贺州	0.303 393
139	300 莆田	0.358 481	155	280 涵江	0.346 814	171	348 溧水	0.339 288	187	323 长兴	0.300 481

续上表

攻击节点数	攻击节点名	全局效率	攻击节点数	攻击节点名	全局效率	攻击节点数	攻击节点名	全局效率	攻击节点数	攻击节点名	全局效率
188	213 丰都	0.300 187	204	352 商丘	0.269 888	220	148 运城	0.267 935	236	520 广宁	0.250 756
189	329 利川	0.299 584	205	387 灵宝	0.269 917	221	379 闻喜	0.267 77	237	486 都匀	0.250 451
190	330 石柱县	0.299 29	206	383 宝鸡	0.269 658	222	367 洪洞	0.267 615	238	487 恭城	0.250 138
191	326 涪陵	0.298 88	207	232 三门峡	0.269 321	223	375 祁县	0.267 477	239	491 三都县	0.249 843
192	349 六安	0.297 167	208	366 巩义	0.269 04	224	370 介休	0.267 342	240	511 龙里	0.249 566
193	453 阳澄湖	0.297 483	209	389 渑池	0.268 8	225	374 平遥古城	0.267 216	241	171 梧州	0.249 016
194	218 华山	0.297 187	210	32 洛阳	0.268 233	226	372 临汾	0.267 101	242	402 贵港	0.248 82
195	346 开封	0.298 725	211	452 仙林	0.268 5	227	365 大荔	0.266 997	243	521 钟山	0.248 934
196	554 宝华山	0.299 085	212	444 丹徒	0.269 967	228	36 太原	0.259 741	244	512 榕江	0.248 681
197	136 延安	0.298 871	213	380 咸阳秦都	0.269 759	229	377 太谷	0.261 196	245	71 贵阳	0.242 76
198	376 岐山	0.298 524	214	447 惠山	0.269 574	230	368 侯马	0.262 681	246	492 三江	0.242 96
199	381 杨陵	0.298 176	215	393 阳泉	0.269 324	231	369 霍州	0.264 195	247	411 肇庆	0.242 71
200	13 西安	0.268 92	216	371 晋中	0.269 116	232	107 南宁	0.258 809	248	409 藤县	0.242 532
201	450 戚墅堰	0.267 65	217	392 襄汾	0.268 916	233	65 佛山	0.257 793	249	406 平南	0.242 354
202	446 花桥	0.269 074	218	373 灵石	0.268 725	234	27 桂林	0.253 3	250	490 怀集	0.242 601
203	378 渭南	0.268 453	219	382 永济	0.268 544	235	98 柳州	0.251 062	251	408 三水	0.240 073

续上表

攻击节点数	攻击节点名	全局效率	攻击节点数	攻击节点名	全局效率	攻击节点数	攻击节点名	全局效率	攻击节点数	攻击节点名	全局效率
252	510 从江	0.241 527	268	341 江山	0.206 523	284	41 安顺	0.204 45	300	97 临沂	0.206 74
253	403 桂平	0.241 378	269	320 余姚	0.206 198	285	90 景德镇	0.205 843	301	89 井冈山	0.206 419
254	279 海宁	0.240 67	270	226 萍乡	0.205 192	286	120 通化	0.207 251	302	14 喀什	0.206 11
255	285 嘉兴	0.239 732	271	465 新余	0.204 501	287	164 林芝	0.207 152	303	39 阿尔山	0.205 863
256	343 金华	0.238 903	272	115 衢州	0.203 829	288	94 兰州	0.204 785	304	176 六盘水	0.205 29
257	145 义乌	0.237 313	273	62 鄂尔多斯	0.203 151	289	103 漠河	0.203 892	305	111 攀枝花	0.206 791
258	357 鹰潭	0.236 508	274	191 库车	0.202 847	290	60 东营	0.205 306	306	109 南阳	0.206 282
259	360 诸暨	0.235 747	275	121 通辽	0.202 595	291	154 遵义	0.204 669	307	181 连城	0.207 801
260	448 龙游	0.235 189	276	40 安庆	0.202 275	292	139 扬州	0.204 094	308	187 神农架	0.209 338
261	353 上饶	0.234 296	277	195 固原	0.202 054	293	188 阿勒泰	0.203 776	309	196 德令哈	0.209 077
262	287 金山	0.226 868	278	129 武夷山	0.201 564	294	134 兴义	0.203 262	310	172 百色	0.210 634
263	309 松江	0.226 312	279	85 佳木斯	0.202 888	295	159 阿克苏	0.202 944	311	45 包头	0.209 801
264	144 宜春	0.225 282	280	68 阜阳	0.204 248	296	180 张家口	0.202 612	312	95 丽江	0.209 069
265	284 嘉善	0.223 936	281	130 西昌	0.203 761	297	43 巴彦淖尔	0.202 365	313	135 烟台	0.203 212
266	311 桐乡	0.223 296	282	79 淮安	0.205 135	298	77 黑河	0.203 808	314	57 丹东	0.204 749
267	105 南昌	0.207 235	283	182 阿里	0.204 975	299	165 日喀则	0.205 266	315	100 吕梁	0.204 536

续上表

攻击节点数	攻击节点名	全局效率	攻击节点数	攻击节点名	全局效率	攻击节点数	攻击节点名	全局效率	攻击节点数	攻击节点名	全局效率
316	55 大庆	0.206 094	332	146 银川	0.155 492	348	64 二连浩特	0.151 538	364	88 金昌	0.111 158
317	153 珠海	0.185 203	333	155 黎平	0.156 759	349	119 腾冲	0.150 943	365	58 德宏	0.112 199
318	137 延吉	0.186 625	334	73 海拉尔	0.153 776	350	20 昆明	0.125 532	366	74 汉中	0.113 256
319	29 赤峰	0.186 351	335	163 康定	0.155 039	351	53 达州	0.125 275	367	122 铜仁	0.114 327
320	10 额济纳旗	0.186 459	336	149 湛江	0.154 352	352	72 哈密	0.124 434	368	147 榆林	0.115 413
321	173 保山	0.185 912	337	192 那拉提	0.153 946	353	52 池州	0.125 538	369	138 盐城	0.116 469
322	131 西双版纳	0.185 236	338	117 思茅	0.153 343	354	133 襄阳	0.126 419	370	114 庆阳	0.117 586
323	48 长治	0.184 762	339	160 昌都	0.153 107	355	158 阿坝	0.127 55	371	101 满洲里	0.118 72
324	189 博乐	0.184 402	340	76 和田	0.152 701	356	106 南充	0.111 924	372	140 伊春	0.119 87
325	152 舟山	0.184 765	341	183 临沧	0.152 097	357	67 抚远	0.112 935	373	11 阿拉善右旗	0.120 989
326	167 玉树	0.184 39	342	170 天水	0.153 383	358	37 西宁	0.107 849	374	7 乌鲁木齐	0.095 313
327	59 迪庆	0.183 808	343	49 常德	0.152 71	359	51 朝阳	0.108 831	375	99 泸州	0.094 908
328	124 威海	0.174 202	344	61 敦煌	0.152 238	360	54 大理	0.109 827	376	113 黔江	0.095 845
329	150 张家界	0.172 645	345	47 毕节	0.151 544	361	104 牡丹江	0.110 837	377	161 稻城	0.096 797
330	185 张掖	0.171 951	346	69 赣州	0.150 87	362	112 齐齐哈尔	0.111 861	378	193 塔城	0.097 762
331	3 呼和浩特	0.158 014	347	168 昭通	0.150 272	363	177 梅州	0.111 363	379	92 克拉玛依	0.098 742

续上表

攻击节点数	攻击节点名	全局效率	攻击节点数	攻击节点名	全局效率	攻击节点数	攻击节点名	全局效率	攻击节点数	攻击节点名	全局效率
380	80 黄山	0.099 737	396	108 南通	0.084 868	412	91 九寨	0.094 371	428	550 青莲	0.095 844
381	9 阿拉善左旗	0.100 747	397	21 三亚	0.084 696	413	82 鸡西	0.095 511	429	442 东莞	0.096 949
382	175 荔波	0.101 773	398	142 宜宾	0.085 573	414	538 土地堂	0.096 011	430	461 春申	0.098 074
383	123 万州	0.101 387	399	4 乌兰浩特	0.086 527	415	503 左岭	0.095 251	431	497 吐鲁番	0.098 308
384	184 夏河	0.101 483	400	179 河池	0.087 184	416	415 新会	0.095 633	432	574 大冶	0.097 528
385	96 连云港	0.102 532	401	194 格尔木	0.088 167	417	553 叶榭	0.096 513	433	221 醴陵	0.095 944
386	38 怀化	0.082 114	402	83 济宁	0.088 878	418	494 柳园	0.096 712	434	282 惠安	0.094 555
387	93 库尔勒	0.082 972	403	157 永州	0.087 64	419	513 共青城	0.095 362	435	547 宋城路	0.095 583
388	190 布尔津	0.083 843	404	15 拉萨	0.088 644	420	537 汤逊湖	0.095 933	436	561 大通	0.096 24
389	178 文山	0.084 728	405	186 九江	0.087 393	421	532 溆浦	0.094 581	437	412 东升	0.096 757
390	132 锡林浩特	0.085 627	406	84 加格达奇	0.088 406	422	203 枣阳	0.095 424	438	439 三明	0.095 009
391	46 北海	0.084 723	407	56 大同	0.089 437	423	542 新晃	0.094 727	439	240 兴安	0.093 978
392	102 绵阳	0.082 076	408	17 海口	0.090 007	424	482 阳新	0.093 334	440	562 唐家湾	0.094 559
393	151 中卫	0.082 961	409	44 白山	0.091 069	425	552 亭林	0.094 297	441	430 南江口	0.094 01
394	127 乌海	0.083 861	410	70 广元	0.092 15	426	508 北滘	0.094 679	442	570 安陆	0.095 014
395	86 嘉峪关	0.083 948	411	141 伊宁	0.093 251	427	197 红光镇	0.095 236	443	567 抚顺	0.096 417

续上表

攻击节点数	攻击节点名	全局效率	攻击节点数	攻击节点名	全局效率	攻击节点数	攻击节点名	全局效率	攻击节点数	攻击节点名	全局效率
444	434 抚州	0.092 076	460	575 防城港	0.061 563	476	388 娄底	0.053 36	492	551 车墩	0.037 593
445	414 江门	0.092 62	461	493 酒泉	0.061 175	477	527 高台	0.052 969	493	539 乌龙泉	0.036 85
446	214 高安	0.089 882	462	488 贵定县	0.062 225	478	345 进贤	0.049 272	494	540 纸坊	0.036 338
447	426 南头	0.090 388	463	212 东安	0.060 739	479	556 博鳌	0.049 062	495	476 蓬安	0.036 641
448	202 随州	0.091 307	464	528 临泽	0.060 665	480	531 文登	0.048 834	496	419 莱西	0.036 078
449	468 德安	0.089 374	465	231 全州	0.059 156	481	499 葛店	0.049 003	497	440 泰宁	0.035 773
450	469 峨眉山	0.089 803	466	340 淮南	0.055 935	482	428 顺德	0.048 743	498	429 小榄	0.035 138
451	504 庐山	0.083 468	467	425 南朗	0.055 982	483	517 海东	0.048 57	499	363 卓资	0.035 709
452	421 牟平	0.083 92	468	506 青白江	0.056 102	484	198 郫县	0.048 269	500	549 德阳	0.035 337
453	509 安德	0.084 438	469	478 瑞昌	0.055 804	485	505 广汉	0.048 282	501	535 普安	0.034 934
454	315 仙游	0.069 093	470	435 将乐	0.055 655	486	502 华容	0.048 633	502	545 海阳	0.034 498
455	227 祁东	0.067 747	471	485 永修	0.055 661	487	199 犀浦	0.047 569	503	518 鄯善	0.033 565
456	498 鄂州	0.066 936	472	472 乐山	0.055 658	488	565 亚龙湾	0.047 412	504	432 文昌	0.033 044
457	208 宾阳	0.065 592	473	463 湘潭	0.054 809	489	228 祁阳	0.038 874	505	390 韶山	0.031 788
458	541 贺胜桥	0.065 724	474	456 建宁县	0.054 951	490	555 乐都	0.038 616	506	557 神州	0.031 539
459	471 黄石	0.062 032	475	559 南浦	0.054 705	491	410 云浮	0.037 002	507	473 离堆公园	0.032 035

续上表

攻击节点数	攻击节点名	全局效率	攻击节点数	攻击节点名	全局效率	攻击节点数	攻击节点名	全局效率	攻击节点数	攻击节点名	全局效率
508	431 琼海	0.031 952	517	420 莱阳	0.019 343	526	347 廊坊	0.012 108	535	462 新桥	0.008 269
509	571 横沟桥	0.031 647	518	577 江油	0.018 638	527	576 广安	0.011 839	536	524 常平	0.007 576
510	534 南湖	0.031 731	519	548 运粮河	0.016 393	528	563 都江堰	0.011 538	537	222 鹿寨	0.006 807
511	496 吐哈	0.030 436	520	464 新化	0.015 805	529	297 南靖	0.011 204	538	515 黄冈	0.005 952
512	458 南城	0.030 014	521	483 迎宾路	0.015 165	530	477 青神	0.010 833	539	416 中山	0.005 003
513	427 容桂	0.028 176	522	578 开阳	0.014 47	531	566 樟木头	0.010 421	540	200 谷城	0.003 947
514	286 江宁	0.022 806	523	572 贾鲁河	0.013 397	532	318 永嘉	0.009 964	541	500 花湖	0.002 772
515	295 龙岩	0.021 571	524	362 集宁	0.012 566	533	523 碧江	0.009 456	542	263 滦县	0.001 462
516	405 南江	0.020 245	525	564 陵水	0.012 35	534	543 芷江	0.008 893	543	484 营山	0

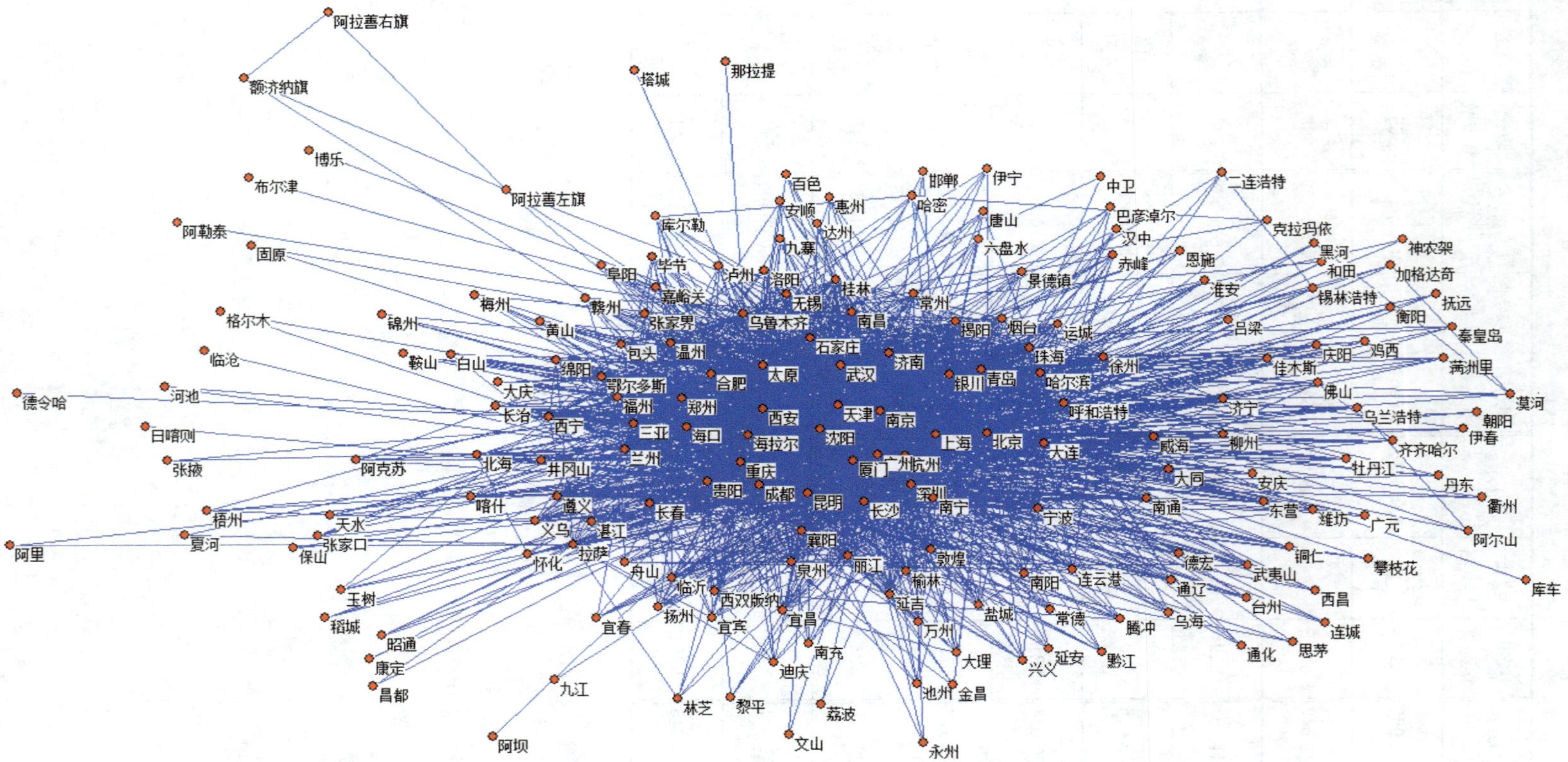

图2.1 民航子网络拓扑示意图

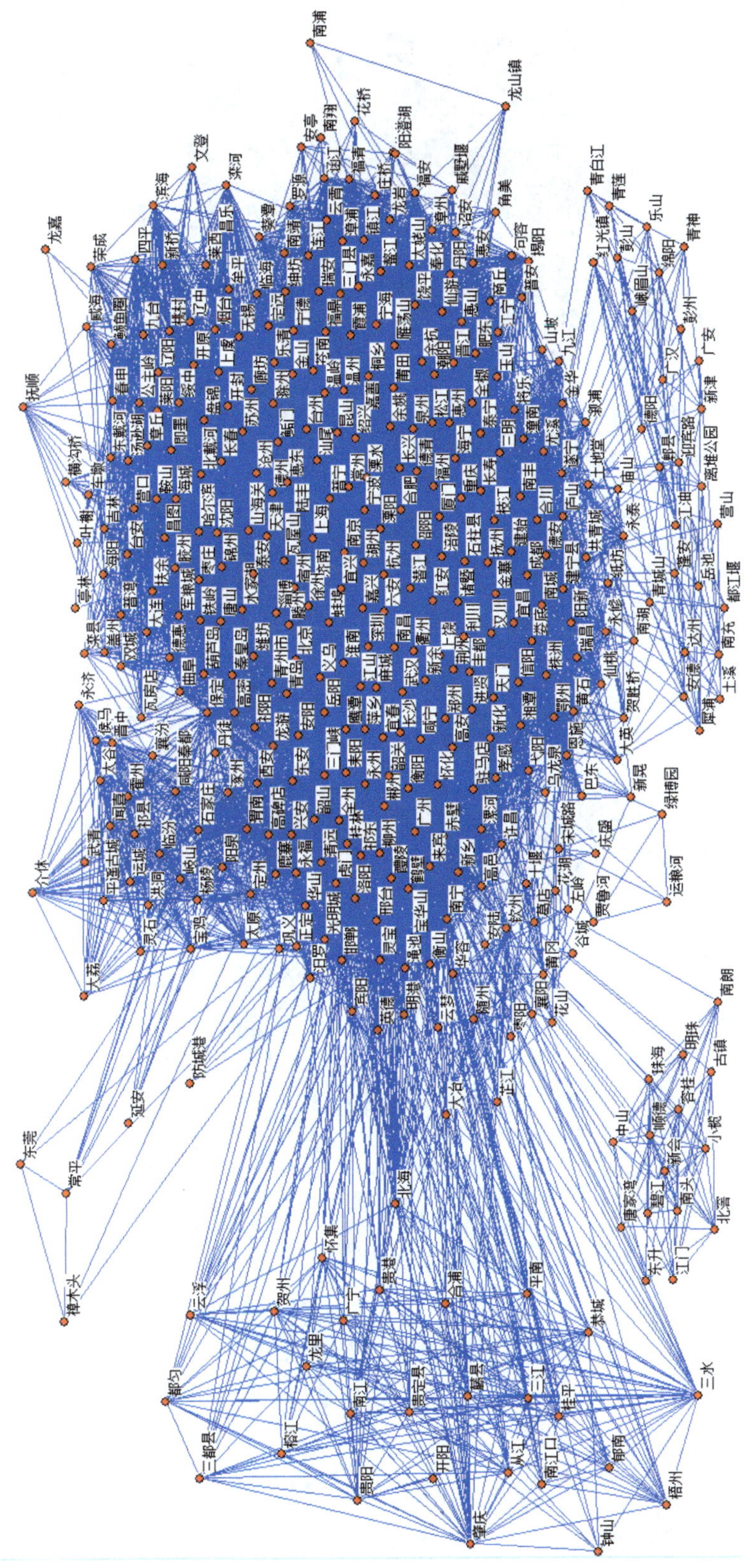

图2.4　高铁子网络拓扑示意图

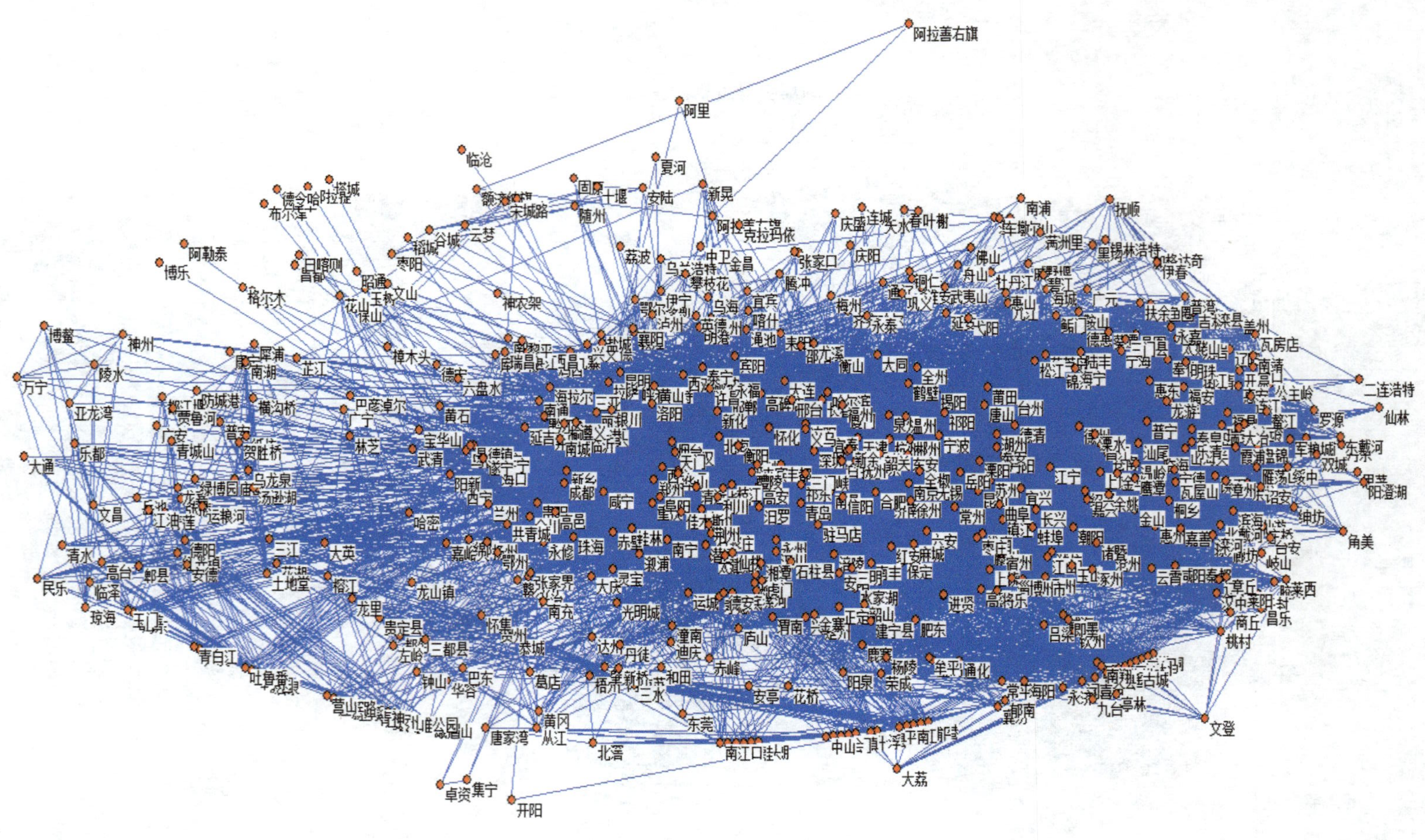

图2.7　高速客运网络拓扑示意图

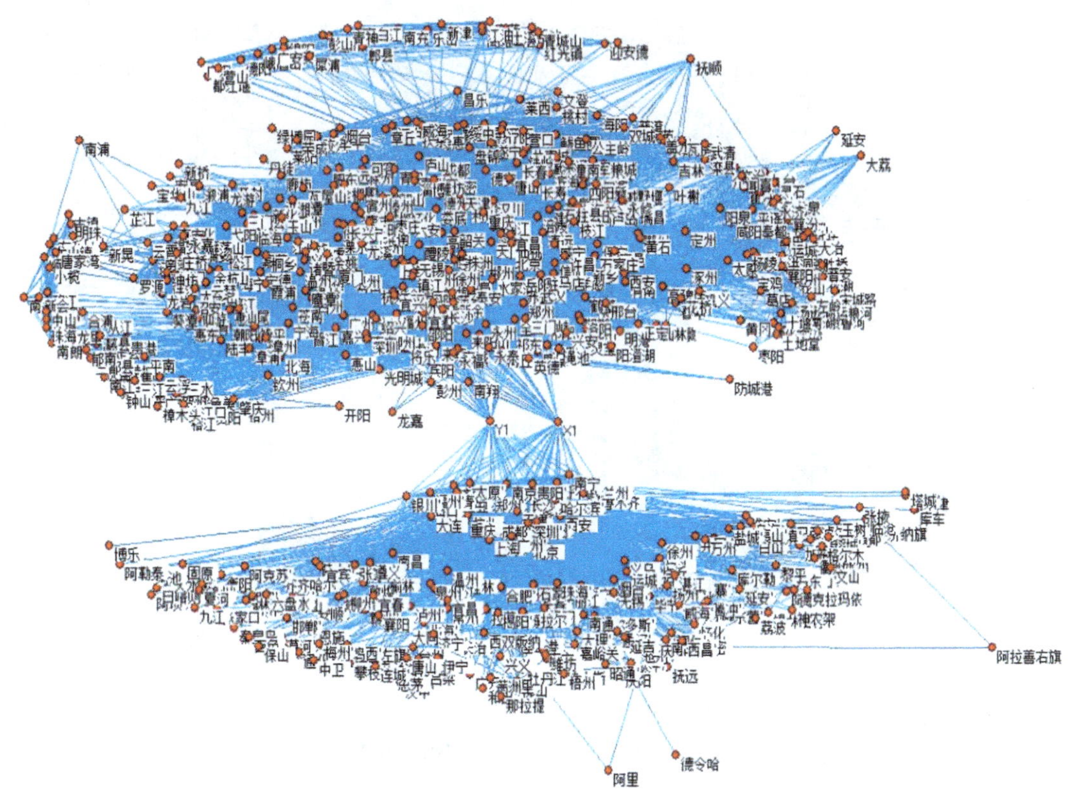

图 3.1　增加 X1 和 Y1 后网络拓扑图

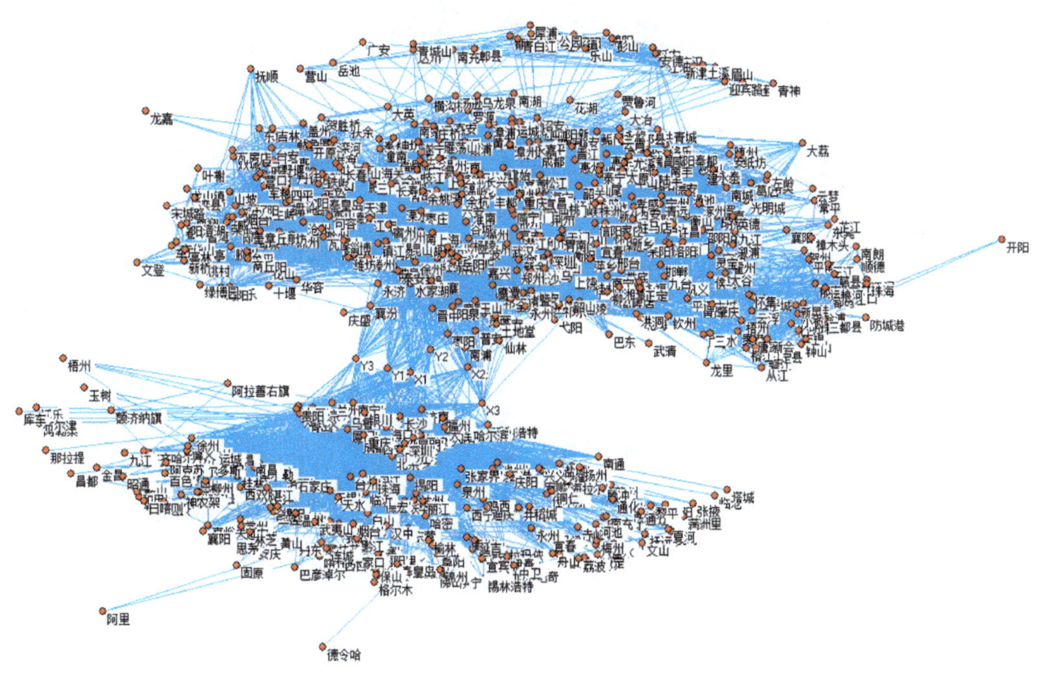

图 3.2　增加 X2 和 Y2 后网络拓扑图

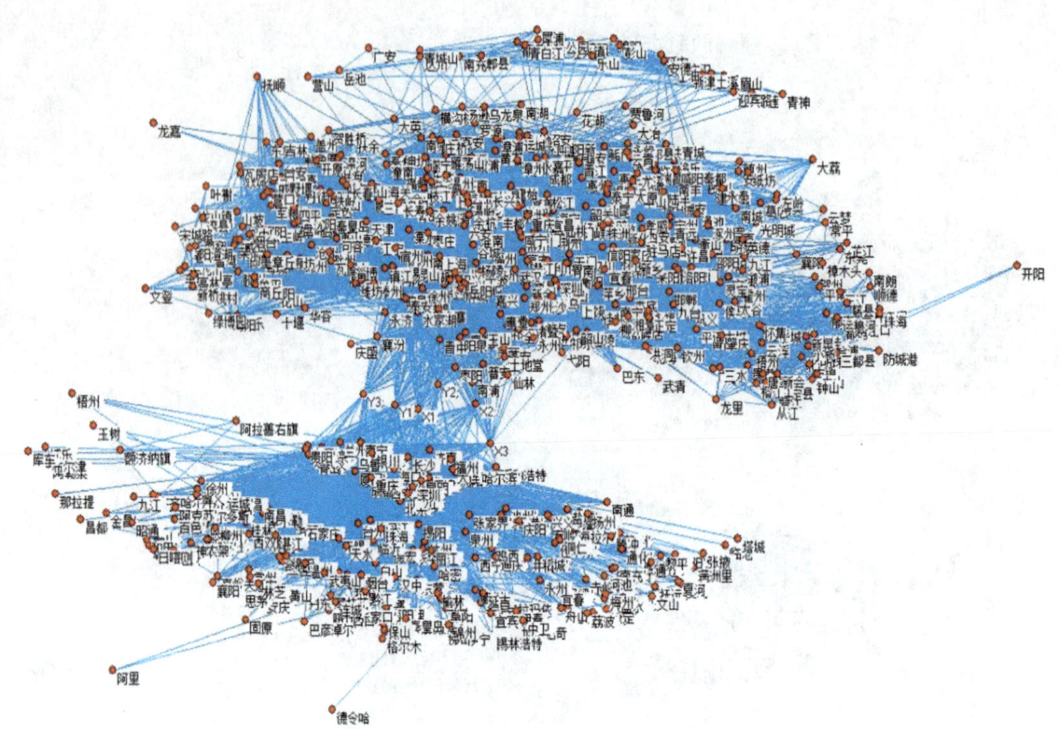

图 3.3　增加 X3 和 Y3 后网络拓扑图

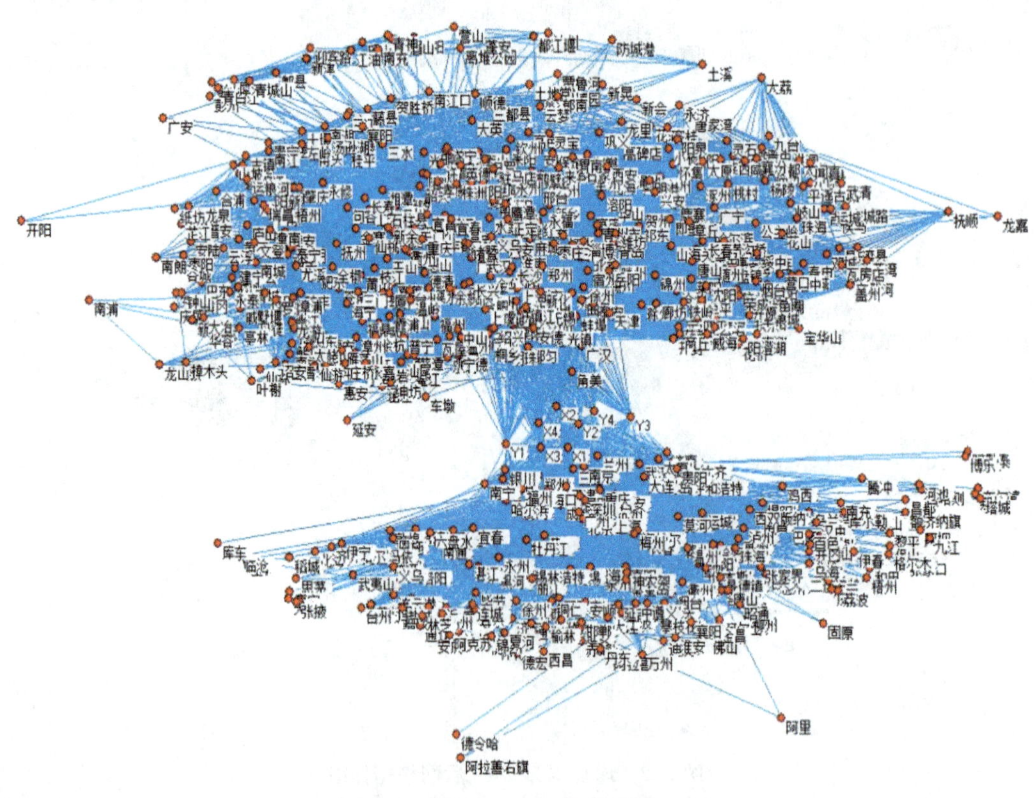

图 3.4　增加 X4 和 Y4 后网络拓扑图

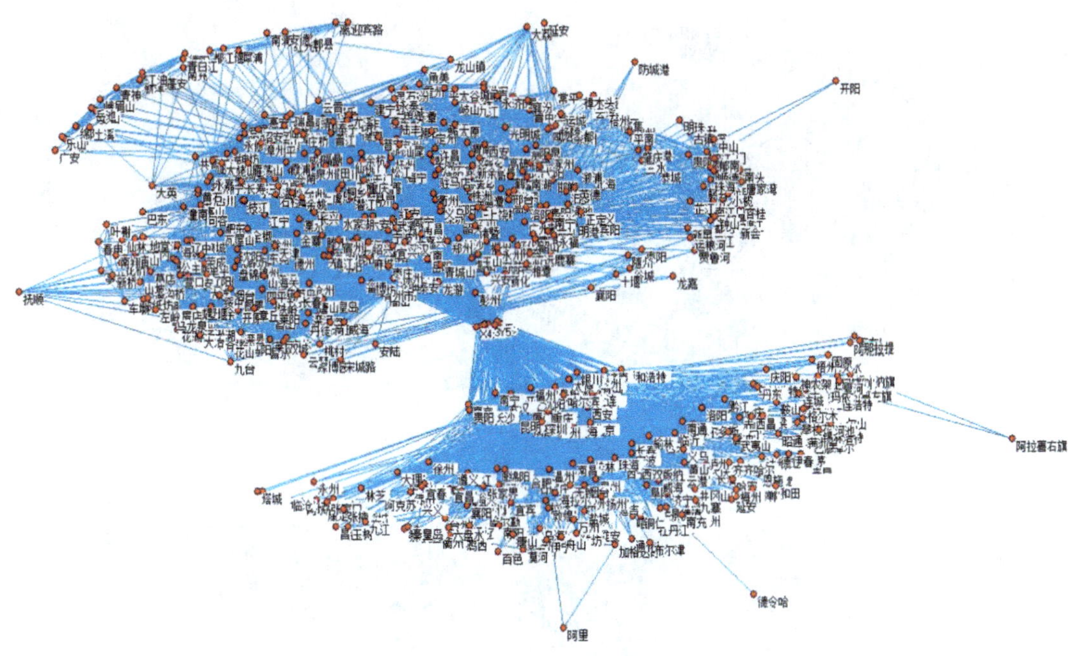

图 3.5　增加 X5 和 Y5 后网络拓扑图

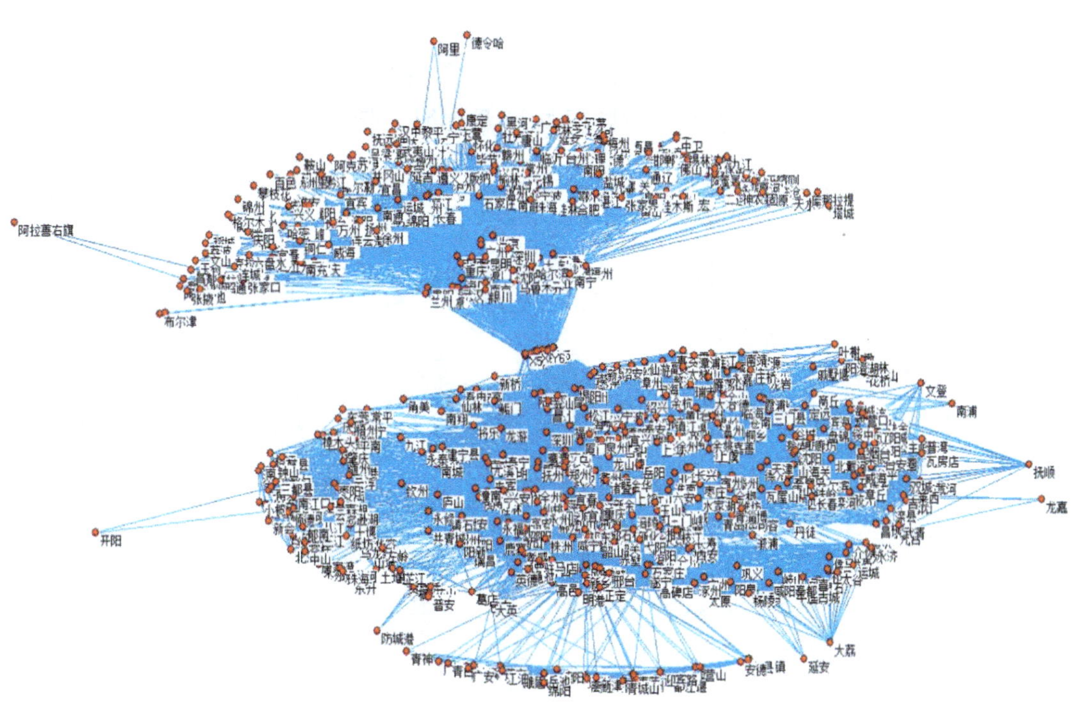

图 3.6　增加 X6 和 Y6 后网络拓扑图

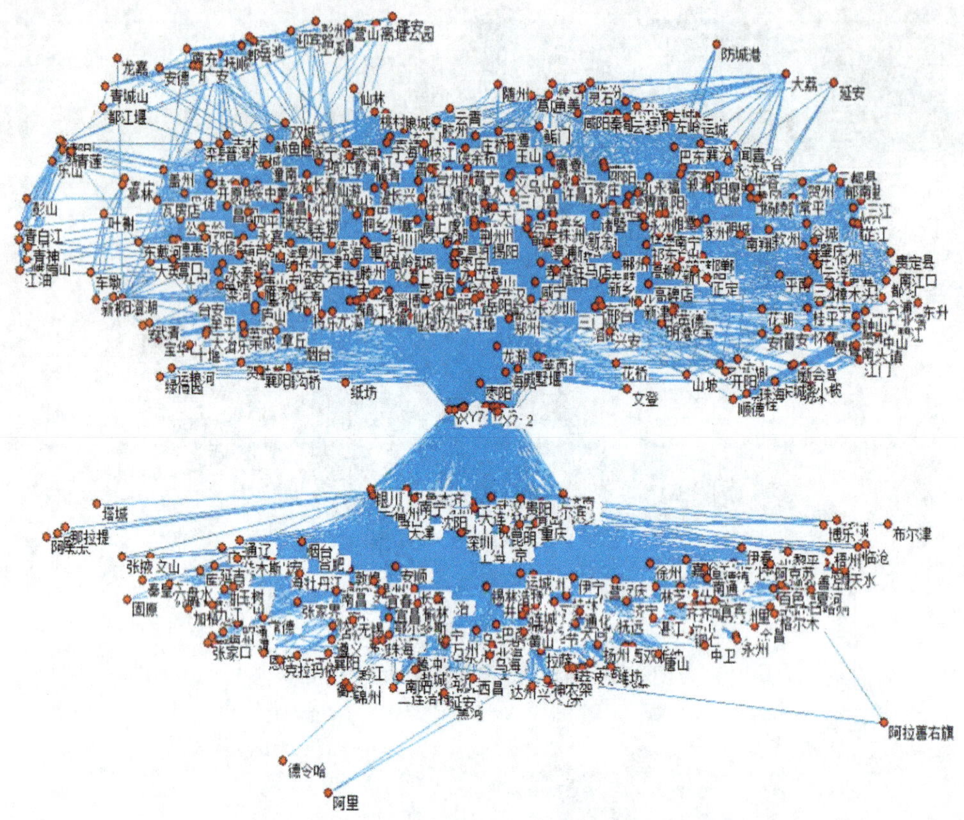

图 3.7　增加 X7 和 Y7 后网络拓扑图